中华经典诗文诵读

八

山东省中华诗文教育学会重点推荐读本

苗禾鸣　潘恩群　主编

山东教育出版社

图书在版编目（CIP）数据

中华经典诗文诵读. 八 / 苗禾鸣，潘恩群主编. —济南：山东教育出版社，2019.9

ISBN 978－7－5701－0728－5

Ⅰ. ①中… Ⅱ. ①苗… ②潘… Ⅲ. ①古典诗歌－中国－初中－教学参考资料②文言文－初中－教学参考资料 Ⅳ. ①G634.303

中国版本图书馆CIP数据核字（2019）第163321号

ZHONGHUA JINGDIAN SHIWEN SONGDU BA

中华经典诗文诵读 八

苗禾鸣 潘恩群 主编

主管单位：山东出版传媒股份有限公司
出 版 人：刘东杰
出版发行：山东教育出版社
地址：济南市纬一路321号 邮编：250001
电话：（0531）82092660 网址：www.sjs.com.cn
印 刷：山东新华印务有限责任公司
版 次：2019年9月第1版
印 次：2019年9月第1次印刷
开 本：787 mm × 1092 mm 1/16
印 张：12.5
字 数：170千
印 数：1–10000
定 价：28.00元

（如印装质量有问题，请与印刷厂联系调换）印厂电话：0531–82079130

学术委员会

编辑委员会

前　言

习近平总书记在党的十九大报告中强调："全党要更加自觉地增强道路自信、理论自信、制度自信、文化自信。""四个自信"是中国特色社会主义重大理论创新，也是实现中华民族伟大复兴中国梦的精神动力。"四个自信"之一"文化自信"是中国社会主义核心价值观形成的文化基石，中华优秀传统文化则是中国人民"文化自信"由具体感性转向坚定理念的强大资源支撑。

2017年1月25日，中共中央办公厅、国务院办公厅联合下发了《关于实施中华优秀传统文化传承发展工程的意见》；2018年9月26日，教育部、国家语委联合发布《中华经典诵读工程实施方案》。这是党和国家对中华优秀传统文化传承重大举措的进一步扩展和深化。

山东省中华诗文教育学会（以下简称"学会"）一直高度重视诗文教育研究，开展经典诵读活动。学会先后编辑出版了《诗文诵读达标升级手册》、《声韵叮咚》、《中华学童·博学启蒙》、《少年君子·博学笃志》、《中华经典诗文诵读》（1—6）等一系列丛书。学会在山东师范大学基础教育集团大力支持下，组成了以山东师范大学文史教授团队为学术委员会，以基础教育集团和常务理事单位初中校区优秀师资为骨干的初中版《中华经典诗文诵读》编辑委员会。初中版编辑团队在吸收借鉴学会之前编辑各种经典诗文读本经验的基础上，科学确定了初中版《中华经典诗文诵读》丛书五大板块编辑体例：诗词撷英、儒学悟道、史海扬帆、诸子览胜、集部探珠。

"诗词撷英"板块，在小学6册经典分类诗词600首的基础上，初中3册全新推出240首中华经典诗词，每册《诗经》10首、唐诗宋词50首、其他朝代诗词20首。

"儒学悟道"板块，在小学对《论语》《孟子》《大学》《中庸》浅显选读的基础上，对《论语》精华章句按照先后顺序纵向扩展推送，以3册18课、每课10则章句的编辑方式，形成了覆盖3册的180则《论语》阅读框架。初一侧重《大学》，由小学选摘扩展成了8课全文推送，让初中学生尽览《大学》全貌。初二侧重《孟子》，8课正文和趣读都取材于《孟子》篇章，成倍扩大了《孟子》的阅读容量。初三侧重《中庸》，在小学短小片段选摘基础上，以8课的篇幅为初中学生完整呈现了《中庸》前20章。此外，每册都增加了《礼记》2课选读内容，对于学生了解传承中华礼仪文化，规范自身言行举止，必会起到良好的示范作用。

“史海扬帆”是初中版内容的新增板块，结合学生历史学习需要，初一重点推送《资治通鉴》选读，兼顾《宋史》；初二重点推送《史记》选读，兼顾《明史》；初三重点推送《左传》选读，兼顾《清史稿》。这一编写原则，巧妙解决了二十四史浩如烟海、难以面面俱到的编选难题，详读与略览相结合，为学生展现了上下五千年中华文明史的概貌。

“诸子览胜”板块，在小学版《荀子》《韩非子》《墨子》《孙子》《庄子》《老子》选读内容基础上，进行了有梯度的延伸选读，增加了《列子》《管子》《晏子春秋》的内容选读，突出了人物生平、整体著作导读和所选篇章点拨的体例特色。初一侧重《管子》《荀子》《韩非子》，初二侧重《晏子春秋》《墨子》《孙子兵法》，初三侧重《列子》《庄子》《老子》。这些诸子大家的思想文化，特别有利于促使学生形成对春秋战国百家争鸣思想文化的整体认识。

“集部探珠”板块，是对小学“古文选粹”的文选拓展，按照寄情自然山水、话说世间百态、思辨社会大观三个类别，结合学生语文扩展阅读的需要，在小学84篇“古文选粹”的基础上，又向学生推送了78篇经典古文，尽量扩展学生对秦汉魏晋、唐宋明清等文化名家名篇的涉猎。

初中版侧重于拓展学生阅读视野，激发学生阅读热情，帮助学生建立“经史子集”中国优秀传统文化知识框架，促使学生思考中国文化历史的价值取向，为学生人格成长积淀中国优秀文化底蕴。

由于时间仓促，错误之处在所难免，敬请读者批评指正。

《中华经典诗文诵读》七至九册内容框架表

	七册	八册	九册
诗词撷英	《诗经》1–2课10首 唐诗3–7课25首 宋词8–12课25首 清、近现代诗词13–16课20首	《诗经》1–2课10首 唐诗3–7课25首 宋词8–12课25首 元明诗词曲13–16课20首	《诗经》1–2课10首 唐诗3–7课25首 宋词8–12课25首 汉魏晋古诗13–16课20首
儒学悟道	《论语》选读1–6课 《大学》选读7–14课 《礼记》选读15–16课	《论语》选读1–6课 《孟子》选读7–14课 《礼记》选读15–16课	《论语》选读1–6课 《中庸》选读7–14课 《礼记》选读15–16课
史海扬帆	《资治通鉴》选读1–14课 《宋史》选读15–16课	《史记》选读1–14课 《明史》选读15–16课	《春秋左氏传》选读1–14课 《清史稿》选读15–16课
诸子览胜	《管子》选读1–6课 《荀子》选读7–10课 《韩非子》选读11–14课	《晏子春秋》选读1–6课 《墨子》选读7–10课 《孙子兵法》选读11–14课	《列子》选读1–6课 《庄子》选读11–14课 《道德经》选读7–10课
集部探珠	寄情自然山水1–8课 话说世间百态9–18课 思辨社会大观19–26课	寄情自然山水1–8课 话说世间百态9–18课 思辨社会大观19–26课	寄情自然山水1–8课 话说世间百态9–18课 思辨社会大观19–26课

目录

诗词撷英

儒学悟道

史海扬帆

诸子览胜

集部探珠

第1单元 寄情自然山水

第2单元 话说世间百态

第3单元 思辨社会大观

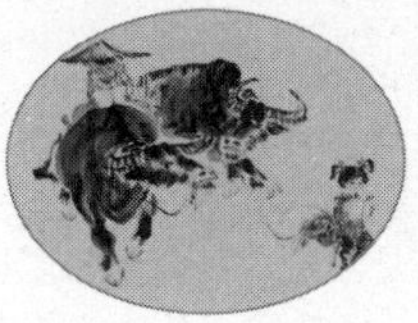

诗词撷英

第1单元 《诗经》（10首）

第1课 诗经·国风

春秋时代，诸侯士大夫常在社交场合朗诵《诗经》，借以表明自己的立场、观点和感情，这就是“赋诗”。赋诗常被用来规劝君主，讽刺对手，小国的大夫也常以此来讨救兵、解纠纷。对于赋诗者来说，即所谓的“赋诗言志”；而对于听诗的人，可以通过诗歌来观察赋诗者的意图。

1-1 郑风·有女同车

有女同车，颜如舜华①。将翱将翔②，佩玉琼琚。彼美孟姜③，洵美且都④。

有女同行，颜如舜英⑤。将翱将翔，佩玉将将⑥。彼美孟姜，德音⑦不忘。

这首诗活画出一位出众的美女形象，表达了男子内心的爱慕和难忘的情感。

①舜华（huā）：木槿花。 ②将翱将翔：形容女子步履轻盈。

③孟姜：姜姓长女。美人的代称，非实指。 ④洵：确实。都：娴雅，美。

⑤英：花。 ⑥将将（qiāng）：即“锵锵”，佩玉相碰的声音。 ⑦德音：美好的声誉。

1-2 齐风·猗嗟

猗嗟①昌兮，颀而②长兮。抑若扬兮③，美目扬④兮。巧趋跄⑤兮，射则臧⑥兮。

猗嗟名⑦兮，美目清兮，仪⑧既成兮，终日射侯⑨。不出正⑩兮，展我甥兮⑪。

猗嗟娈⑫兮，清扬婉兮。舞则选⑬兮，射则贯⑭兮。四矢反兮⑮，以御乱兮。

这首诗赞美了一个英俊非凡的男子以及他射技的高超。前人多认为诗中主人公是鲁庄公。

①猗嗟（yī jiē）：赞叹声。昌：美好的样子。　②颀（qí）而：即“颀然”，指身材高大。

③抑：同“懿”，美好。扬：前额开阔。　④扬：飞扬，形容目光流动的有神的样子。

⑤巧趋：灵巧的步趋。跄（qiàng）：步伐矫健。　⑥臧（zāng）：好，善。

⑦名：借为“明”，面色明净。　⑧仪：射仪。射箭开始前的礼仪。　⑨侯：箭靶。

⑩正：靶心。　⑪展：诚然，确实。甥：外甥。鲁庄公是齐国的外甥。　⑫娈（luán）：美好。

⑬选：才华出众。　⑭贯：射中。　⑮四矢反兮：四支箭皆射中一个地方。

1-3 秦风·渭阳

我送舅氏，曰至渭阳。何以赠之？路车乘黄①。

我送舅氏，悠悠我思②。何以赠之？琼瑰③玉佩。

这是一首外甥送别舅舅的送别诗。有人说这个外甥是秦穆公的儿子秦康公，舅舅即是有名的晋文公重耳。渭：渭水。阳：水之北曰阳。

①路车：古代诸侯乘坐的车。乘（shèng）黄：四匹黄马。

②悠悠：思绪长久。我思：自己思念舅舅。　③琼瑰：美玉。

1-4 豳风·七月（节选）

七月流火[①]，九月授衣[②]。一之日觱发[③]，二之日栗烈[④]。无衣无褐，何以卒岁？三之日于耜[⑤]，四之日举趾[⑥]。同我妇子，馌[⑦]彼南亩。田畯[⑧]至喜。

七月流火，九月授衣。春日载阳，有鸣仓庚[⑨]。女执懿筐[⑩]，遵彼微行[⑪]，爰求柔桑[⑫]。春日迟迟，采蘩祁祁[⑬]。女心伤悲，殆及公子同归[⑭]。

七月流火，八月萑苇[⑮]。蚕月条桑[⑯]，取彼斧斨[⑰]，以伐远扬，猗彼女桑[⑱]。七月鸣䴗[⑲]，八月载绩[⑳]。载玄载黄[㉑]，我朱孔阳[㉒]，为公子裳。

这是一首规模宏大的叙事诗，叙述了西周农民一年到头的繁重劳动和艰苦生活。

① 流：向下行。火：星名。每年夏历六月，此星位于正南方。过了七月就偏西向下了，这就叫作“流火”。

② 授衣：将裁制冬衣的工作交给女工。

③ 一之日：周历正月，夏历十一月。以下二之日、三之日等仿此。觱（bì）发（bō）：大风触物声。

④ 栗烈：或作“凛冽”，形容气寒。 ⑤ 耜（sì）：古代翻土农具。 ⑥ 举趾：抬脚下地去耕田。

⑦ 馌（yè）：送饭。 ⑧ 田畯（jùn）：农官。 ⑨ 仓庚：鸟名，就是黄莺。 ⑩ 懿（yì）筐：深筐。

⑪ 微行（háng）：小径。 ⑫ 爰（yuán）：于是。柔桑：嫩桑叶。

⑬ 蘩（fán）：白蒿。祁祁：众多（指采蘩者）。 ⑭ 殆及公子同归：怕那公子把我抢。殆，怕。

⑮ 萑（huán）苇：荻草和芦苇。 ⑯ 蚕月：三月。条桑：修剪桑树。 ⑰ 斨（qiāng）：斧柄为方孔的斧头。

⑱ 猗（yī）：“掎”的借字，拉着。女桑：嫩桑叶。 ⑲ 䴗（jú）：鸟名，即伯劳。

⑳ 载：开始。绩：纺织。 ㉑ 载玄载黄：染上颜色黑或黄。 ㉒ 孔阳：鲜明。

1-5 豳风·伐柯

伐柯如何[①]？匪斧不克[②]。取[③]妻如何？匪媒不得。

伐柯伐柯，其则[④]不远。我觏之子[⑤]，笾豆有践[⑥]。

这首诗写娶妻要通过媒人介绍，就如同做斧柄要用斧头砍木一样，所以后代请人说媒称“作伐”。

① 伐：砍伐。柯：斧柄。 ② 匪：同“非”。克：能。 ③ 取：通“娶”。

④ 则：原则、方法。 ⑤ 觏（gòu）：遇见。之子：指要娶的女子。

⑥ 笾（biān）豆有践：在古时家庭或社会举办盛大喜庆活动时，用笾豆等器皿放满食品，整齐地排列于活动场所，叫作笾豆有践。此处指迎亲礼仪有条不紊。

诗词撷英

第2课　诗经·小雅

《雅》是周人所谓的正声雅乐。朱熹《诗集传》认为，“雅”有大小之分，与表演场合及官方、民间规模的不同有关，燕飨时奏小雅，朝会时奏大雅。《小雅》共七十四篇，大多产生于西周后期及东周初年。

2-6　小雅·常棣

常棣之华[1]，鄂不韡韡[2]。凡今之人，莫如兄弟。
死丧之威[3]，兄弟孔怀[4]。原隰裒矣[5]，兄弟求矣。
脊令在原[6]，兄弟急难。每有良朋，况也永叹。
兄弟阋于墙[7]，外御其务[8]。每有良朋，烝也无戎[9]。
丧乱既平，既安且宁。虽有兄弟，不如友生。
傧尔笾豆[10]，饮酒之饫[11]。兄弟既具，和乐且孺。
妻子好合，如鼓瑟琴。兄弟既翕[12]，和乐且湛[13]。
宜尔室家，乐尔妻帑[14]。是究是图[15]，亶[16]其然乎？

这是一首写兄弟宴饮之乐的诗。周代是以家庭伦理关系为本位的社会，兄弟关系是很重要的。全诗八章，从各个方面论述了“凡今之人，莫如兄弟”的血浓于水的道理。

① 常棣（dì）：木名，亦作棠棣。　② 不（fū）：花托。韡韡（wěi）：鲜明茂盛的样子。
③ 威：畏惧，可怕。　④ 孔怀：最为思念、关怀。
⑤ 原：高平之地。隰（xí）：低湿之地。裒（póu）：聚集。
⑥ 脊令：通作“鹡鸰”，一种水鸟。水鸟今在原野，失其常处，比喻兄弟急难。
⑦ 阋（xì）：争吵。墙：墙内，家庭之内。　⑧ 外御其务：外侮面前定携手。
⑨ 烝（zhēng）：长久。戎：帮助。
⑩ 傧（bìn）：陈列。笾（biān）豆：祭祀时用来盛食物的器具。笾：竹制器具，用来盛水果、干肉等。豆：木制盛肉器。
⑪ 饫（yù）：酒足饭饱。　⑫ 翕（xī）：聚合，和好。　⑬ 湛（dān）：喜乐。
⑭ 帑（nú）：通“孥”，儿女。　⑮ 是究是图：意思是追求此，谋划此。是：代词，代“宜尔”二句。
⑯ 亶（dǎn）：信，确实。然：如此。

2-7 小雅·伐木

伐木丁丁，鸟鸣嘤嘤。出自幽谷，迁于乔木。嘤其鸣矣，求其友声。相彼鸟矣，犹求友声。矧伊人矣①，不求友生？神之听之，终和且平。

伐木许许，酾酒有薁②。既有肥羜③，以速诸父。宁适不来，微我弗顾。於粲④洒扫，陈馈八簋⑤。既有肥牡，以速诸舅。宁适不来，微我有咎。

伐木于阪，酾酒有衍。笾豆有践，兄弟无远。民之失德，干糇以愆⑥。有酒湑⑦我，无酒酤我。坎坎鼓我，蹲蹲⑧舞我。迨我暇矣，饮此湑矣。

这是一首宴请亲朋故旧的乐歌。每章都由伐木起兴，说明友情、亲情的可贵，提倡大家都要互相关心，相互帮助，常来常往。

①矧（shěn）：况且。伊人：是人，这人。

②酾（shī）酒：滤酒。有薁（xù）：即“薁薁”，酒清澈透明的样子。

③羜（zhù）：小羊羔。　④於（wū）：叹词。粲（càn）：鲜明洁净。

⑤陈：陈列。馈（kuì）：食物。簋（guǐ）：古时盛放食物用的圆形器皿。

⑥干糇（hóu）：干粮。愆（qiān）：过错，过失。　⑦湑（xǔ）：滤酒。

⑧蹲蹲（cún）：跳舞的样子。

2-8 小雅·菁菁者莪

菁菁者莪①，在彼中阿②。既见君子，乐且有仪③。

菁菁者莪，在彼中沚④。既见君子，我心则喜。

菁菁者莪，在彼中陵⑤。既见君子，锡我百朋⑥。

泛泛杨舟⑦，载沉载浮⑧。既见君子，我心则休⑨。

这首诗表达了对于君子长育人材的欢愉之情，同时也描述了青年学子见到君子的欢乐。后人每用“菁莪”二字比喻乐育贤才。

①菁（jīng）菁：草木茂盛。莪（é）：莪蒿，又名萝蒿，一种可吃的野草。

②中阿（ē）：即山坳中间。阿：山坳。　③仪：仪容，气度。　④中沚：沚中也。沚：水中小洲。

⑤中陵：陵中也。丘陵高坡之地。

⑥锡：同“赐”。朋：上古以贝壳为货币，五贝或十贝一串，两串为“朋”。

⑦泛泛：漂浮不定的样子。杨舟：杨木做成的小船。　⑧载：或，又。　⑨休：喜。

2-9 小雅·鹤鸣

鹤鸣于九皋①，声闻于野。鱼潜在渊，或在于渚②。乐彼之园，爰有树檀③，其下维萚④。他山之石，可以为错⑤。

鹤鸣于九皋，声闻于天。鱼在于渚，或潜在渊。乐彼之园，爰有树檀，其下维穀⑥。他山之石，可以攻玉⑦。

这是一篇运用比喻手法抒发引用贤才主张的诗。全诗用鹤、鱼、檀树、他山之石等事物比喻贤人，希望这些贤才能得到朝廷任用。

① 九皋（gāo）：皋，沼泽地。九：虚数，言沼泽之多。 ② 渚：水中小洲。

③ 树檀：檀树。这里用来比喻贤人。 ④ 萚（tuò）：枯落的枝叶。这里用来比喻小人。

⑤ 他山之石：这里用来比喻别国的贤人。错：琢玉的磨石。

⑥ 穀（gǔ）：楮树，其树皮可造纸。这里用来比喻小人。 ⑦ 攻：加工，雕刻。

2-10 小雅·黄鸟

黄鸟黄鸟①，无集于穀，无啄我粟。此邦之人，不我肯穀②。言旋言归，复我邦族。

黄鸟黄鸟，无集于桑，无啄我粱③。此邦之人，不可与明④。言旋言归，复我诸兄。

黄鸟黄鸟，无集于栩，无啄我黍。此邦之人，不可与处。言旋言归，复我诸父。

这是一首流亡者思归的诗，描写了流浪者在异地遭受的欺凌，表达了其渴望回到家乡宗族中去的感情。

① 黄鸟：黄雀，喜吃粮食。 ② 穀（gǔ）：善良。 ③ 粱：粟类。

④ 明："盟"之假借字。这里有信用、结盟之意。

第3课　孟浩然山水诗五首

孟浩然（689—740年），名浩，字浩然，号孟山人，襄州襄阳人。他少好节义，喜济人患难，工于诗，是唐代著名的山水田园派诗人。年四十游京师，唐玄宗诏咏其诗，至“不才明主弃”之语，玄宗谓：“卿自不求仕，朕未尝弃卿，奈何诬我？”因放还未仕，后隐居鹿门山。

3-11　送新安张少府归秦中

试登秦岭望秦川，遥忆青门①春可怜。
仲月②送君从此去，瓜时须及邵平田③。

新安：唐河南府有新安县。本诗题目一作“越中送人归秦中”。
① 青门：汉代长安城东南门。汉邵平种瓜于此，人称青门瓜。　② 仲月：旧历春二月。
③ 邵平田：借指退官隐居者的田园。

3-12　夏日南亭怀辛大

山光①忽西落，池月渐东上。散发乘夕凉，开轩②卧闲敞。
荷风送香气，竹露滴清响。欲取鸣琴弹，恨无知音赏。
感此怀故人，中宵劳梦想。

此诗描绘了夏夜乘凉的悠闲自得，抒发了诗人对老友的怀念。
① 山光：傍山的日影。　② 轩：窗户。

3-13 早寒江上有怀

木落雁南度，北风江上寒。我家襄水[①]上，遥隔楚云端[②]。

乡泪客中尽，孤帆天际看。迷津[③]欲有问，平海[④]夕漫漫。

这是一首怀乡思归的抒情诗。诗人既羡慕田园生活，有意归隐，但又想求官做事，以展鸿图。这种矛盾，就构成了诗的两难意境。这首诗透露出作者长安碰壁之后的牢骚和惘然。

① 襄水：汉水流经襄阳境内的一段。　② 楚云端：长江中游一带云的尽头。

③ 迷津：迷失道路。津：渡口。　④ 平海：宽广平静的江水。

3-14 宿桐庐江[①]寄广陵旧游

山暝闻猿愁，沧江急夜流。风鸣两岸叶，月照一孤舟。

建德[②]非吾土，维扬[③]忆旧游。还将两行泪，遥寄海西头[④]。

此诗是作者离开长安东游时，途中寄给旧友的。这首诗运用情景交融的手法，更加突出作者对旧友的思念和失意后的愤激孤苦。

① 桐庐江：浙江流经桐庐曰桐江（即桐庐江），流经富阳曰富春江。　② 建德：浙江省建德县。

③ 维扬：指今扬州，即题目中的“广陵”。　④ 海西头：指扬州。因古扬州东临大海，故称。

3-15 宿永嘉江[①]寄山阴崔少府国辅

我行穷水国[②]，君使入京华。相去日千里，孤帆天一涯。

卧闻海潮[③]至，起视江月斜。借问同舟客，何时到永嘉。

《元和郡县志·江南道·温州》：“永嘉江，一名永宁江，在州东三里。”山阴：县名，唐时属越州，在今浙江绍兴。此诗当作于孟浩然越地之游的第二年岁尾。整首诗着意“穷”字，对比崔国辅的升迁，透露出不得意于仕途的无奈。

① 永嘉江：即今浙江南部之瓯江。　② 水国：指浙江一带，因江南水多，故称。

③ 海潮：海水受月球引力定时涨落，早为潮，晚为汐。

第4课　王维田园诗五首

王维（701—761年），字摩诘，河东蒲州人，唐朝著名山水田园派诗人，有“诗佛”之称。开元九年中进士，任太乐丞。王维是盛唐诗人的代表，多才多艺，精通书画与音乐，与孟浩然合称“王孟”。

4-16　终南山

太乙近天都[①]，连山接海隅[②]。白云回望合，青霭入看无。

分野[③]中峰变，阴晴众壑殊。欲投人处[④]宿，隔水问樵夫。

这首诗的主要特点是善于“以不全求全”，从而收到了“以少总多”“意余于象”的艺术效果。

① 太乙：又名太一，秦岭之一峰。唐人每称终南山一名太一。天都：天帝所居，这里指帝都长安。

② 海隅：海边。终南山并不到海，此为夸张之词。

③ 分野：古天文学名词。古人以天上的二十八个星宿的位置来区分中国境内的地域，被称为分野。

④ 人处：有人烟处。

4-17　淇上田园即事

屏居淇水[①]上，东野旷无山。日隐桑柘[②]外，河明闾井[③]间。

牧童望村去，猎犬随人还。静者亦何事，荆扉乘昼关。

此诗是作者隐居淇上时所作，描绘了淇上小村傍晚时的优美恬静的田园风光，表现了诗人摆脱冗繁官场后的喜悦心情。

① 淇水：发源于河南省林县，东南流至淇县，入卫河。　② 桑柘（zhè）：桑木和柘木。

③ 闾（lǘ）井：房屋、水井等建筑物。

4-18 赠裴十迪

风景日夕①佳，与君赋新诗。澹然望远空，如意方支颐②。
春风动百草，兰蕙生我篱。暧暧③日暖闺，田家来致词。
欣欣春还皋④，淡淡水生陂⑤。桃李虽未开，荑萼⑥满芳枝。
请君理还策⑦，敢告将农时。

诗人王维赠与友人裴迪的诗作。裴十迪，即裴迪，排行第十，故称“裴十”，开元年间与王维同隐。全诗描绘了真切自然的景象，风格清新淡雅，令人回味无穷。

① 日夕：傍晚。 ② 支颐：用手抵着腮帮的意思。 ③ 暧（ài）暧：迷蒙隐约貌。
④ 皋（gāo）：水边向阳高地。 ⑤ 陂（bēi）：池塘。
⑥ 荑萼（tí è）：这里指花蕾。荑：茅草嫩芽，引伸为草木嫩芽。萼：花萼。
⑦ 还策：指还归时需带的手杖等行装。

4-19 辋川别业

不到东山向一年，归来才及种春田。
雨中草色绿堪染，水上桃花红欲然①。
优娄比丘经论学②，伛偻丈人乡里贤③。
披衣倒屣且相见④，相欢语笑衡门前⑤。

此七律诗，写王维在辋川隐居时期的田园生活。作者与乡间的人们相处无间，无论是僧人还是隐居乡里的老人，一听说作者回来了，都披衣倒屣赶来相见，开怀畅谈于柴门之前。

① “水上”句：是说桃花红得像火一样。然，同“燃”。
② 优娄：释迦牟尼的弟子。比丘：亦作“比邱”，指已受具足戒的男性，俗称和尚。经论：佛教指三藏中的经藏与论藏。
③ 伛（yǔ）偻（lǚ）：特指脊梁弯曲，驼背。丈人：古时对老人的尊称。
④ 披衣：将衣服披在身上而臂不入袖。倒屣（xǐ）：急于出迎，把鞋倒穿。后形容热情迎客。
⑤ 语笑：谈笑。衡门：横木为门，指简陋的房屋。

4-20

桃源行

渔舟逐水爱山春，两岸桃花夹古津。
坐看红树不知远，行尽青溪不见人。
山口潜行始隈隩①，山开旷望旋平陆。
遥看一处攒云树②，近入千家散花竹③。
樵客初传汉姓名，居人未改秦衣服。
居人共住武陵源，还从物外起田园。
月明松下房栊④静，日出云中鸡犬喧。
惊闻俗客争来集，竞引还家问都邑。
平明闾巷扫花开，薄暮渔樵乘水入。
初因避地去⑤人间，及至成仙遂不还。
峡里谁知有人事，世中遥望空云山。
不疑灵境难闻见，尘心未尽思乡县⑥。
出洞无论隔山水，辞家终拟长游衍⑦。
自谓经过旧不迷⑧，安知峰壑今来变。
当时只记入山深，青溪几曲到云林。
春来遍是桃花水⑨，不辨仙源何处寻。

王维这首《桃源行》是他十九岁时创作的。该诗成功地进行了艺术上的再创作，因而具有独立的艺术价值，得以与散文《桃花源记》并世流传。诗中展现的一个个画面，构成诗的意境，调动读者的想象力，读来使人从中获得一种美的感受。

① 隈隩（wēi yù）：山水弯曲的地方。 ② 攒（cuán）云树：云树相连。攒：聚集。
③ 散花竹：到处都有花和竹。 ④房栊：房屋窗户。
⑤ 避地：迁居此地以避祸患。去：离开。 ⑥尘心：普通人的感情。乡县：家乡。
⑦ 游衍：留连不去。 ⑧ 自谓：自以为。不迷：不再迷路。
⑨ 桃花水：春水。桃花开时河流涨溢。

第5课 李益边塞诗五首

李益（约748—约829年），字君虞，陕西姑臧人，唐代诗人，“大历十才子”之一。曾因仕途失意，弃官在燕赵一带漫游，后任幽州节度使刘济从事、集贤殿学士等职。其诗风格豪放明快，尤以边塞诗闻名，是中唐边塞诗的代表诗人。

5-21 边 思

腰垂锦带佩吴钩①，走马曾防玉塞②秋。

莫笑关西将家子③，只将诗思入凉州④。

这是一首作者自题小像赠友人诗，表达了诗人潇洒轻松与悲慨苦涩兼而有之的复杂心境。

① 吴钩：古代吴地所造弯形刀，后泛指锋利的刀剑。

② 玉塞：玉门关的别称。

③ 关西将家子：关西指函谷关以西。《后汉书·虞诩传》：“谚曰：‘关西出将，关东出相。’”汉将李广出自关西，李益自谓李广之后，故称“关西将家子”。

④ 凉州：指《凉州曲》。

5-22 从军北征

天山雪后海风寒，横笛遍吹《行路难》①。

碛②里征人三十万，一时回首月中看。

这首诗为读者展现了一个壮阔而又悲凉的行军场景，诗句情境对读者有着强烈的感染力。

①《行路难》：乐府曲调名，多描写旅途的辛苦和离别的悲伤。

② 碛（qì）：沙漠。这里指边关。

5-23 听晓角

边霜昨夜堕关榆①，吹角当城汉月孤。

无限塞鸿飞不度，秋风卷入《小单于》②。

这首诗旨在写征人的边愁乡思。诗篇采用的是镜中取影手法，从角声、塞鸿折射出征人的处境和心情。它不直接写人，而人在诗中；不直接写情，而情见篇外。

① 关榆：古代北方边关城塞常种榆树，关榆就是指关旁的榆树。

②《小单（chán）于》：小单于，乐曲名。

5-24 塞下曲四首（其一）

蕃州部落能结束①，朝暮驰猎黄河曲。

燕歌②未断塞鸿飞，牧马群嘶边草绿。

这首诗为读者展现了一幅天高地阔、人欢马叫的壮丽图景，表现了边疆将士满怀豪情的军旅生活。

① 蕃州：泛指西北地区。结束：装束，打扮。

② 燕歌：泛指悲壮的燕地歌曲。

5-25 过五原①胡儿饮马泉

绿杨著水②草如烟，旧是胡儿饮马泉。

几处吹笳③明月夜，何人倚剑白云天。

从来冻合关山路，今日分流汉使④前。

莫遣行人⑤照容鬓，恐惊憔悴入新年。

李益曾为幽州节度使刘济幕府，居边塞十余年。这首诗是李益的代表作。这首诗为读者描绘出了一幅色彩绚丽、含蓄深沉的辽阔画卷，抒写了诗人在春天经过收复了的五原时的复杂心情。

① 五原：汉置五原县，在今内蒙古乌拉特前旗境内。

② 著（zhù）水：拂水，形容垂杨丝长，可以拂到水面。

③ 笳（jiā）：即胡笳，古代军中号角。

④ 分流：春天泉流解冻，绿水分流。汉使：诗人自指。

⑤ 莫遣（qiǎn）：莫使。行人：旅途中的人。

第6课　白居易放言诗五首

白居易（772—846年），字乐天，号香山居士，祖籍太原，到其曾祖父时迁居下邽（guī），生于河南新郑。白居易是唐代伟大的现实主义诗人，与元稹共同倡导新乐府运动，世称“元白”，与刘禹锡并称“刘白”。

诗序：元九（即元稹）在江陵时，有《放言》长句诗五首，韵高而体律，意古而词新。予每咏之，甚觉有味，虽前辈深于诗者，未有此作。唯李颀有云：“济水至清河自浊，周公大圣接舆狂。”斯句近之矣。予出佐浔阳，未届所任，舟中多暇，江上独吟，因缀五篇，以续其意耳。

6-26　放言五首（其一）

朝真暮伪何人辨，古往今来底事无？
但爱臧生能诈圣，可知宁子解佯愚。①
草萤有耀终非火，荷露虽团岂是珠？
不取燔柴兼照乘②，可怜光彩亦何殊？

这是公元815年（唐宪宗元和十年）诗人被贬赴江州途中所作。当年六月，诗人因上疏急请追捕刺杀宰相武元衡的凶手，遭当权者忌恨，被贬为江州司马。诗题“放言”，就是无所顾忌，畅所欲言。

① “但爱”两句都是用典。臧生，即春秋时的臧武仲，当时的人称他为圣人，孔子却一针见血地斥之为凭实力要挟君主的奸诈之徒。宁子，即宁武子，孔子十分称道他在乱世中大智若愚的韬晦本领。

② 燔柴：语出《礼记·祭法》：“燔柴于泰坛。”这里用作名词，意为火光。照乘：珠名。《史记·田敬仲完世家》梁王曰：“若寡人国小也，尚有径寸之珠，照车前后各十二乘者十枚，奈何以万乘之国而无宝乎？”

6-27

放言五首（其二）

世途倚伏[1]都无定，尘网牵缠卒[2]未休。
祸福回还车转毂[3]，荣枯[4]反覆手藏钩。
龟灵未免刳肠患[5]，马失应无折足忧。
不信君看弈棋者，输赢须待局终头。

这首诗主要讲祸福得失的转化。
① 倚伏：即《老子》所说“祸兮福之所倚，福兮祸之所伏”，简言“倚伏”。
② 尘网：犹尘世，即人世。古人把现实世界看作束缚人的罗网。卒：始终。
③ 回还：同回环，谓循环往复。车转毂（gǔ）：像车轮转动一样。
④ 荣枯：本谓草木盛衰，常以比政治上的得志与失意。
⑤ 龟灵：古人认为龟通灵性，故常用龟甲占卜以决吉凶。灵：动词，通灵。刳（kū）肠患：言龟虽通灵性，也难免自己要被人杀掉的祸患。

6-28

放言五首（其三）

赠君一法决狐疑，不用钻龟[1]与祝蓍[2]。
试玉要烧三日满[3]，辨材须待七年期[4]。
周公恐惧流言后，王莽谦恭未篡时。
向使当初身便死，一生真伪复谁知。

这首诗流传最广，以通俗的语言说出了一个道理：对人、对事要得到全面的认识，都要经过时间的考验，从整个历史去衡量、去判断，而不能只根据一时一事的现象下结论。
① 钻龟：古代用龟甲占卜吉凶。　② 祝蓍（shī）：古代占卜的一种方法，取蓍草之茎以卜吉凶。
③ “试玉”句：作者自注：“真玉烧三日不热。”
④ “辨材”句：作者自注：“樟木生七年而后知。”

6-29

放言五首（其四）

谁家第宅成还破，何处亲宾哭复歌。
昨日屋头堪炙手[①]，今朝门外好张罗[②]。
北邙未省留闲地，东海何曾有定波。[③]
莫笑贱贫夸富贵，共成枯骨两如何。[④]

这首诗谈世事人生的变化。

① 炙手：热得烫手。比喻权贵势焰之盛。

② 张罗：本指设网捕捉虫鸟，常用来形容冷落少人迹。

③ “北邙”二句：言富贵贫贱随世事变化而变化。北邙（máng）：即邙山，在今河南省洛阳市北。东汉及北魏的贵族多葬于此，后人泛指墓地。“东海”句即“沧海桑田”之意，比喻社会巨变，人事无常。

④ “莫笑”二句：为告诫语。前句“莫”字管“笑”与“夸”二字，后句意谓贫贱、富贵之人，最后归宿无别。

6-30

放言五首（其五）

泰山不要欺毫末，颜子无心羡老彭。
松树千年终是朽，槿花[①]一日自为荣。
何须恋世常忧死，亦莫嫌身漫厌生[②]。
生去死来都是幻，幻人哀乐系何情。

这首诗艺术地说明了新陈代谢是宇宙中不以人的意志为转移的根本规律这一道理，而正确的人生态度应该是多考虑如何在自己的有生之年，为国家民族做出应有的贡献。

① 槿（jǐn）花：即木槿花。开花时间较短，一般朝开暮落。

② 嫌身：嫌弃自己。漫：随便。厌生：厌弃人生。

第7课　杜牧咏古诗五首

杜牧（803—852年），字牧之，号樊川居士，京兆万年人。杜牧是唐代杰出的诗人、散文家。唐文宗大和二年，杜牧二十六岁中进士，授弘文馆校书郎。杜牧人称“小杜”，以别于杜甫，与李商隐并称“小李杜”。因晚年居长安南樊川别墅，故后世称“杜樊川”，著有《樊川文集》。

7-31

寄扬州韩绰判官①

青山隐隐水迢迢，秋尽江南草未凋。

二十四桥②明月夜，玉人③何处教吹箫？

此诗着意刻画深秋的扬州依然绿水青山、草木葱茏，二十四桥月夜仍然乐声悠扬，调侃友人生活的闲逸，表达了作者对过往扬州生活的深情怀念。

① 判官：唐代节度使、观察使、防御使均设判官，为地方长官的僚属，辅理政事。

② 二十四桥：即扬州的二十四座桥。北宋沈括《梦溪笔谈·补笔谈》卷三中对每座桥的方位和名称一一做了记载。

③ 玉人：貌美之人。

7-32

题木兰庙

弯弓征战①作男儿，梦里曾经与画眉②。

几度思归还把酒，拂云堆上祝明妃③。

此诗通过对人物形象的生动刻画和细致的心理描写，塑造了一位光彩照人的巾帼英雄形象。

① 弯弓征战：指木兰代父征战。

② “梦里”一句：指木兰虽着戎装，仍愿恢复和平环境下的少女生活。

③ 拂云堆：在今内蒙古自治区的乌拉特西北，堆上有明妃祠。明妃：指王昭君。

7-33 齐安郡晚秋

柳岸风来影渐疏，使君家似野人居。
云容水态还堪赏，啸志歌怀亦自如。
雨暗残灯棋散后，酒醒孤枕雁来初。
可怜赤壁争雄渡，唯有蓑翁坐钓鱼。

这首诗表达了诗人空有建功立业雄心、结果壮志难酬的不平之意。

7-34 题宣州开元寺水阁阁下宛溪夹溪居人

六朝文物草连空，天淡云闲今古同。
鸟去鸟来山色里，人歌人哭①水声中。
深秋帘幕千家雨，落日楼台一笛风②。
惆怅无因见范蠡③，参差烟树五湖东。

这首诗写于开成三年（838），杜牧时任宣州团练判官。宣州，在今安徽宣城一带。开元寺，建于东晋，初名永安寺，唐改名开元寺。水阁：开元寺临宛溪而建的楼阁。宛溪：在宣州城东，又叫东溪。

① 人歌人哭：语出《礼记·檀弓下》："歌于斯，哭于斯，聚国族于斯。"意思是祭祀时可以在室内奏乐，居丧时可以在这里痛哭，也可以在这里宴聚国宾及会聚宗族。诗中借指宛溪两岸的人世世代代居住在这里。 ② 笛风：笛声随风飘动。

③ 范蠡：春秋末政治家，越国大夫，辅佐越王勾践灭吴，事成后游于齐国，改名鸱（chī）夷子皮。到陶丘，又改名陶朱公，以经商致富。

7-35 酬张祜处士见寄长句四韵

七子论诗谁似公，曹刘须在指挥中。
荐衡昔日知文举，乞火无人作蒯通。
北极楼台长挂梦，西江波浪远吞空。
可怜故国三千里，虚唱歌词满六宫。

该诗盛赞张祜（hù）的诗才，指责朝廷大臣妒忌贤能、不能用人，对朋友的不幸遭遇表示深切叹惋和不平。

第8课　晏殊《渔家傲》词五首

晏殊（991—1055年），字同叔，抚州临川人，北宋著名文学家、政治家。他十四岁以神童入试，赐同进士出身，官至兵部尚书。晏殊以词著于文坛，尤擅小令，风格含蓄婉丽，在当时北宋词坛上与其第七子晏几道，被称为“大晏”和“小晏”，又与欧阳修并称“晏欧”。

8-36　渔家傲·荷叶初开犹半卷

荷叶初开犹半卷，荷花欲拆犹微绽，此叶此花真可羡。秋水畔，青凉伞映红妆面。

美酒一杯留客宴，拈花摘叶情无限，争奈世人多聚散。频祝愿，如花似叶长相见。

这首词写的是夏日初荷，抒发了诗人对世人的美好祝愿。

8-37　渔家傲·杨柳风前香百步

杨柳风前香百步，盘心碎点真珠露[①]，疑是水仙开洞府。妆景趣，红幢绿盖朝天路。

小鸭飞来稠闹处，三三两两能言语，饮散短亭人欲去。留不住，黄昏更下萧萧雨。

这首词专写荷塘景致之幽美。

① 盘心：指荷叶。真珠：喻露水。

8-38 渔家傲·粉笔丹青描未得

粉笔丹青描未得，金针彩线功难敌，谁傍暗香轻采摘。风淅淅，船头触散双鸂鶒①。

夜雨染成天水碧，朝阳借出胭脂色，欲落又开人共惜。秋气逼，盘中已见新莲菂②。

这首词写的是荷花之美。《宋史·南唐世家》中有记载：南唐后主李煜的妃子有一次在染色的时候，把没有染好的丝帛放在露天过夜。丝帛因为沾上露水，起了变化，竟然染出了很鲜艳的绿色。后来大家都按照此法染色，并且把这种绿色叫作“天水碧”。

①鸂鶒（xī chì）：一种类似鸳鸯的水鸟，性喜水上偶游。 ②莲菂（dì）：莲花的果实，莲子。

8-39 渔家傲·越女采莲江北岸

越女采莲江北岸，轻桡短棹①随风便，人貌与花相斗艳。流水慢，时时照影看妆面。

莲叶层层张绿伞，莲房个个垂金盏，一把藕丝牵不断。红日晚，回头欲去心撩乱②。

这首词描写了采莲女在江边采莲时优雅的身姿和温婉的风情。

①桡（ráo）：船桨。棹（zhào）：泛指船。 ②撩乱：纷乱，同“缭乱”。

8-40 渔家傲·嫩绿堪裁红欲绽

嫩绿堪裁红欲绽，蜻蜓点水鱼游畔，一霎雨声香四散。风飐①乱，高低掩映千千万。

总是凋零终有限，能无眼下生留恋，何似折来妆粉面。勤看玩，胜如②落尽秋江岸。

这首词写出了荷塘动态的美景。

①飐（zhǎn）：风吹使颤动。 ②胜如：胜似，胜过。

第9课　欧阳修《蝶恋花》词五首

欧阳修（1007—1072年），字永叔，号醉翁，晚号“六一居士”，吉州永丰人，谥号文忠，世称欧阳文忠公。北宋政治家、文学家，与韩愈、柳宗元、王安石、苏洵、苏轼、苏辙、曾巩合称“唐宋八大家”。

9-41　蝶恋花·越女采莲秋水畔

越女①采莲秋水畔，窄袖轻罗，暗露双金钏②。照影摘花花似面，芳心只共丝争乱。

鸂鶒滩头风浪晚，雾重烟轻，不见来时伴。隐隐歌声归棹③远，离愁引著江南岸。

这首词以通俗的语言、鲜明的形象、明快的节奏，曲折深婉地表现了越女采莲的动人情景。

① 越女：越地自古多出美女，后常用越女泛指美女。

② 轻罗：质地轻软而薄的丝织品。钏（chuàn）：用珠子或玉石穿起来做成的镯子。

③ 归棹（zhào）：归船。棹：船桨。

9-42　蝶恋花·画阁归来春又晚

画阁①归来春又晚，燕子双飞，柳软桃花浅②。细雨满天风满院，愁眉敛尽无人见。

独倚阑干心绪乱，芳草芊绵，尚忆江南岸。风月无情人暗换，旧游如梦空肠断。

这首词由景及情，情景交融，以凄婉缠绵的笔调，曲折尽意地抒写了伤春女子的满怀离思和一腔哀愁。

① 画阁（gé）：指彩绘华丽的楼阁。

② 桃花浅：是说春晚桃花开残，树上的花朵显得稀薄了。

9-43 蝶恋花·帘幕东风寒料峭

帘幕东风寒料峭，雪里香梅，先报春来早。红蜡枝头双燕小，金刀剪彩呈纤巧。

旋暖金炉薰蕙藻，酒入横波，困不禁烦恼。绣被五更春睡好，罗帏不觉纱窗晓。

这首词先以拟人化手法描绘香梅报春的灵巧可爱，再写作者初春的闲适情怀，颇给人以意犹未尽之感。

9-44 蝶恋花·海燕双来归画栋

海燕双来归画栋，帘影无风，花影频移动。半醉腾腾春睡重，绿鬟堆枕香云拥。

翠被双盘金缕凤，忆得前春，有个人人共。花里黄莺时一弄，日斜惊起相思梦。

这首词作者借海燕春归表达对友人的思念之情。

9-45 蝶恋花·尝爱西湖春色早

尝爱西湖①春色早。腊雪方销，已见桃开小。顷刻光阴都过了，如今绿暗红英少②。

且趁馀花谋一笑。况有笙歌，艳态相萦绕。老去风情应不到，凭君剩把芳尊倒③。

这是一首写春之词。作者通过描写前后两年游赏西湖春景的不同感受，表现了他中年以后的旷达情怀。

① 西湖：此指颍州（今安徽阜阳）西湖。

② 绿暗红英少：谓红花大多已经凋败，所剩无几，满眼所见都是绿叶。红英：红花。

③剩把芳尊倒：只管将酒杯斟满。芳樽：精致的酒器，亦借指美酒。

第10课　苏轼《定风波》词五首

苏轼（1037—1101年），字子瞻，四川人，号东坡居士，北宋文学家、书画家、美食家。他一生仕途坎坷，学识渊博，诗文书画皆精，为“唐宋八大家”之一。其词开豪放一派，对后世有巨大影响，与辛弃疾并称“苏辛”。

10-46　定风波·重阳

与客携壶上翠微①，江涵秋影雁初飞。尘世难逢开口笑，年少，菊花须插满头归。

酩酊②但酬佳节了，云峤③，登临不用怨斜晖。古往今来谁不老，多少，牛山何必更沾衣④。

这首词通过记叙重阳登山远眺一事，表达了诗人对人生多忧、生死无常的悲哀。

①翠微：泛指青山。　②酩酊（mǐng dǐng）：形容人大醉。

③云峤（qiáo）：耸入云霄的高山。

④牛山：在今山东省淄博市。《晏子春秋》载：“齐景公游于牛山，北临其国城而流涕曰：‘美哉国乎！郁郁芊芊，若何滂滂去此国而死乎？’”后以“牛山叹”“牛山下涕”喻为人生短暂而悲叹。

10-47　定风波·感旧

莫怪鸳鸯绣带①长，腰轻不胜舞衣裳。薄幸②只贪游冶去，何处？垂杨系马恣轻狂。

花谢絮飞春又尽，堪恨，断弦尘管伴啼妆。不信归来③但自看，怕见，为郎憔悴却羞郎。

这首词用第一人称的视角，叙述了一位被丈夫冷落的歌妓为了人性平等而抗争的故事。

①鸳鸯绣带：绣有鸳鸯花纹的衣带，男女定情信物之一。　②薄幸：薄情的人，负心的人。

③归来：从良。

诗词撷英

10-48 定风波·送元素

千古风流阮步兵[1]，平生游宦爱东平[2]。千里远来还不住，归去，空留风韵照人清。

红粉尊前深懊恼，休道，怎生留得许多情。记得明年花絮乱，须看，泛西湖是断肠声。

这首词上阙借阮籍治理东平政绩才能，喻意个人政治才能；下阙借美女自喻，表达对皇帝的忠诚之心。

① 阮步兵：阮籍，字嗣宗，三国时魏人。为东平相，有政绩。曾做步兵校尉，故称阮步兵。

② 东平：汉置东平国，即今山东省东平县。

10-49 定风波·集古句作墨竹词

雨洗娟娟嫩叶光，风吹细细绿筠香。秀色乱侵书帙晚，帘卷，清阴微过酒尊凉。

人画竹身肥拥肿，何用，先生落笔胜萧郎[1]。记得小轩岑寂夜，廊下，月和疏影上东墙。

这首词表达了作者在人生低谷时虽孤寂却超脱的性情。

① 萧郎：指唐代画家萧悦，善画竹，白居易曾称赞他画的竹"茎瘦节节竦"，"枝活叶叶动"。

10-50 定风波·月满苕溪照夜堂

月满苕溪[1]照夜堂，五星一老斗光芒。十五年间真梦里，何事，长庚对月独凄凉。

绿鬓苍颜同一醉，还是，六人吟笑水云乡。宾主谈锋谁得似，看取，曹刘今对两苏张。

东坡有序云：余昔与张子野、刘孝叔、李公择、陈令举、杨元素会于吴兴，时子野作《六客词》，其卒章云："见说贤人聚吴分，试问，也应旁有老人星。"凡十五年，再过吴兴，而五人者皆已亡矣。

① 苕（tiáo）溪：水名。夹岸多苕，秋后花飘水上如雪，故名。

第11课　晏几道《临江仙》词五首

晏几道（1038—1110年），字叔原，号小山，抚州临川人，北宋著名词人，晏殊第七子，性孤傲，中年家境中落，与其父晏殊合称“二晏”。其词风似父而造诣过之，工于言情。其小令语言清丽，感情深挚，尤负盛名，是婉约派的重要作家。

11-51　临江仙·斗草阶前初见

斗草①阶前初见，穿针②楼上曾逢。罗裙香露玉钗风。靓妆眉沁绿，羞脸粉生红。

流水便随春远，行云终与谁同。酒醒长恨锦屏空。相寻梦里路，飞雨落花中。

这首词系作者为思念一个自己曾经深爱过的女子而作。全词写情婉转而含蓄，给读者留下了充分的想象空间。

① 斗草：古代春夏间的一种游戏。　② 穿针：指七月七日七巧节。

11-52　临江仙·身外闲愁空满

身外闲愁空满，眼中欢事常稀。明年应赋送君诗。细从今夜数，相会①几多时。

浅酒欲邀谁劝，深情惟有君知。东溪②春近好同归。柳垂江上影，梅谢雪中枝。

全词通过描述作者与友人的酒筵欢会，表达了对人生相聚苦短的心理感受。

① 相会：相聚。　② 东溪：泛指风景美好的地方。

11-53 临江仙·浅浅馀寒春半

浅浅馀寒春半，雪消蕙草初长。烟迷柳岸旧池塘。风吹梅蕊闹，雨细杏花香。

月堕枝头欢意，从前虚梦高唐[1]，觉来何处放思量。如今不是梦，真个到伊行[2]。

这首词一方面表达了作者对初春草长花开的喜爱愉悦，另一方面又透露出人生失意的无奈惆怅。
① 高唐：楚襄王曾梦遇神女。此喻好事如梦。 ② 伊行（xíng）：你这里。

11-54 临江仙·长爱碧阑干影

长爱碧阑干影，芙蓉秋水开时。脸红凝露学娇啼。霞觞熏冷艳，云髻袅纤枝。

烟雨依前时候，霜丛如旧芳菲。与谁同醉采香归。去年花下客，今似蝶分飞。

这是一首描写荷花的词。上阕运用多种修辞手段，极力描绘荷花之美；下阕抒写离别之情，仍然围绕着荷花而展开。

11-55 临江仙·东野亡来无丽句

东野[1]亡来无丽句，于君去后少交亲。追思往事好沾巾。白头王建[2]在，犹见咏诗人。

学道深山空自老，留名千载不干身[3]。酒筵歌席莫辞频。争如南陌上，占取一年春[4]。

这首词是晏几道晚年写就，是深谙世事冷暖后的直抒其情，清俊豪迈的词人意气从字里行间一泻而出。
① 东野：唐诗人孟郊（751—814），字东野。其诗险涩。
② 王建：唐诗人，以工乐府著称，与张籍齐名。
③ “学道”二句：化用刘禹锡《戏赠崔千牛》诗：“学道深山许老人，留名万代不关身。”
④ “争如”二句：化用刘禹锡《戏赠崔千牛》诗：“劝君多买长安酒，南陌东城占取春。”

第12课　李清照《浣溪沙》词五首

李清照（1084—1155年）号易安居士，今山东省济南市章丘区人，南宋女词人，婉约词派代表，有“千古第一才女”之称。其诗词创作，前期多写其悠闲生活，后期多悲叹身世，情调感伤；论词强调协律，崇尚典雅，提出词“别是一家”之说，反对以作诗文之法作词。她的作品主要有《易安居士文集》《易安词》，已散佚。后人有《漱玉词》辑本，今有《李清照集校注》。

诗词撷英

12-56　浣溪沙·莫许杯深琥珀浓

莫许杯深琥珀①浓，未成沉醉意先融②，疏钟已应晚来风。

瑞脑香③消魂梦断，辟寒金④小髻鬟松，醒时空对烛花红。

这首词上阕写饮酒，下阕写醉眠，通篇表现的是闺愁，写女主人晚来借酒遣愁、梦里醒来的孤寂，隐含无限的离别情绪。

① 琥珀：本是微黄色半透明的树脂化石，这里指颜色如琥珀的美酒。　② 融：形容酒醉恬适的样子。

③ 瑞脑香：一种名贵的香料。

④ 辟寒金：相传三国魏明帝时，昆明国进贡嗽金鸟，鸟吐金屑如粟。宫人争以鸟吐之金饰钗珮，谓之“辟寒金”。

12-57　浣溪沙·小院闲窗春色深

小院闲窗①春色深，重帘未卷影沉沉②，倚楼无语理瑶琴。

远岫③出山催薄暮，细风吹雨弄轻阴，梨花欲谢恐难禁。

这首词通过环境描绘，表现出了女主人公春意阑珊、幽闺深邃的孤寂之情。

① 闲窗：带护栏的窗子。闲：阑也。　② 影沉沉：指闺房幽暗。

③ 远岫（xiù）：远处的雾气。

12-58 浣溪沙·淡荡春光寒食天

淡荡①春光寒食②天，玉炉③沉水袅残烟，梦回山枕隐花钿④。

海燕未来人斗草⑤，江梅已过柳生绵，黄昏疏雨湿秋千。

这首词通过寒食时节景物形象探寻一位少女的感春情思，从而表达作者爱春惜春的心情。

① 淡荡：和舒的样子。 ② 寒食：节名，在清明节前一天。 ③ 玉炉：香炉的美称。

④ 花钿：用金片镶嵌成花形的首饰。

⑤ 斗草：一种竞采百草、比赛优胜的游戏，参加者多为青年妇女与儿童。一名斗百草。

12-59 浣溪沙·髻子伤春慵更梳

髻子伤春慵更梳，晚风庭院落梅初，淡云来往月疏疏。

玉鸭薰炉①闲瑞脑，朱樱斗帐②掩流苏③，通犀④还解辟寒无。

这是一首反映贵族女子伤春情态的词，运用正面描写、反面衬托的手法，着意刻画出一颗孤寂的心。

① 玉鸭薰炉：玉制的点燃熏香的鸭形香炉。 ② 斗帐：覆斗形的帐子。

③ 流苏：指帐子下垂的穗子，一般用五色羽毛或彩线盘结而成。

④ 通犀：犀角的一种。这里指用通犀装饰的一种腰带。

12-60 浣溪沙·绣面芙蓉一笑开

绣面①芙蓉一笑开，斜飞宝鸭②衬香腮，眼波才动被人猜。

一面风情③深有韵，半笺娇恨寄幽怀，月移花影约重来。

这首词以清丽的风格，寓伤春之情，于景物描写之中，富有婉约秀美的意境。

① 绣面：唐宋时期妇女面额及颊上均贴纹饰花样。

② 斜飞宝鸭：斜坠的云鬓。宝鸭：鸭形发式，或指钗头形状为鸭形的宝钗。

③ 一面：整个脸上。风情：男女爱慕之情。

第3单元　元明诗词曲（20首）

第13课　元好问《江城子》词五首

元好问（1190—1257年），字裕之，号遗山，世称遗山先生。山西忻州人。金末元初最有成就的作家和历史学家，是宋金对峙时期北方文学的主要代表，又是金元之际在文学上承前启后的桥梁，被尊为“北方文雄”“一代文宗”。

13-61　江城子·河山亭，在孟津

河山亭上酒如川[①]。玉堂仙[②]，重留连。尤恨春风，桃李负芳年。长记莺啼花落处，歌扇后，舞衫前。

旧游风月梦相牵。路三千，去无缘。灭没飞鸿，一线入秋烟。白发故人今健否？西北望，一潸然[③]。

这首词上阙回忆元光元年（1222年）春作者与王革、李钦叔三人在孟津河山亭游历的情形；下阙由梦兴感，述说对往事的留恋和对旧友的思念与关心。

① 酒如川：指开怀畅饮、酒流不歇的情形。　② 玉堂仙：翰林学士的雅号。

③ 潸然：形容眼泪不由自主地流下来。

13-62 江城子·送人归旧居

草堂萧洒浙江头[1]。傍林丘，买扁舟。隔岸红尘，无路近沙鸥[2]。枕上有书樽有酒，身外事，更何求？

暮云归鸟仲宣楼[3]。敝貂裘[4]，为谁留？千古书生，那得尽封侯！好在半山亭下路，闻未老，去来休[5]。

这首赠别词是作者官内乡时作。词的内容，对这位失意的书生，虽是言别，但作者不作凄酸惆怅语。

① 浙江头：浙江上游，在内乡西北。

② “隔岸”二句：言与世俗红尘隔绝。沙鸥：水鸟名，象征自由自在的隐士。

③ 仲宣楼：王粲字仲宣，建安七子之一。为避董卓之乱，投靠刘表。曾作《登楼赋》，表达怀才不遇的感慨。

④ 敝貂裘：《战国策》：“苏秦说秦王，书十上而不行，黑貂之裘敝，黄金百斤尽，资用乏绝，去秦而归。”

⑤ 休：语气助词，犹“了”“罢”等。

13-63 江城子·河堤烟树渺云沙

河堤烟树渺云沙。七香车，更天涯。万古千秋，幽恨入琵琶[1]。想到都门南下望，金缕暗，玉钗斜。

津桥春水浸红霞。上阳花[2]，落谁家？独恨经年，培养牡丹芽[3]！寒雁归时凭寄语：莫容易[4]，损容华[5]。

这首词是有感于两宫北迁事而作，上片写宫女被北兵押送北迁的情景，下片写悲怜宫嫔的遭际。

① 幽恨入琵琶：出自昭君出塞典故。　② 上阳：宫名，唐高宗建于东都洛阳。花：指宫女。

③ 牡丹芽：喻指尚未成年的美女。　④ 容易：轻易。

⑤ 容华：容颜。

13-64 江城子·梅梅柳柳闹新晴

梅梅柳柳闹新晴①。趁清明，凤山行。画出灵泉，三月晋兰亭②。细马金鞍红袖客，能从我，出重城③。

赏心乐事古难并，玉双瓶，为冠倾。一曲清歌，休作断肠声。头上花枝如解语④，应笑我，未忘情。

1243年的寒食节，作者将自东平往燕京，在东平的朋友和学生举办了一个别开生面的送别会，本首词作于此时，抒发了作者畅快的心情。

① 闹新晴：在初晴天气中喧闹。

② “晋兰亭”句：言灵泉宴集似兰亭盛会。灵泉：寺名，在凤山（山东东平城北三十里处）东麓。晋兰亭：东晋王羲之等清明节在兰亭赏春。

③ 重（zhòng）城：指东平城，在当时有重要战略意义。

④ 解语：会说话。

13-65 江城子·观别

旗亭谁唱渭城诗？酒盈卮①，两相思。万古垂杨，都是折残枝。旧见青山青似染，缘底事，淡无姿？

情缘不到木肠儿②。鬓成丝，更须辞。只恨芙蓉，秋露冷胭脂。为问世间离别泪，何日是，滴休时？

这是一首因观看一对恋人别离而生发强烈同情感的词作，当作于早年。

① 卮（zhī）：大酒杯。　② 木肠儿：以木石心肠喻冷酷无情或痴憨不慧的人。

第14课 马致远《喜春来》曲五首

马致远（约1250—约1321年），字千里，号东篱，大都人。他的年辈晚于关汉卿、白朴等人，与关汉卿、郑光祖、白朴并称“元曲四大家”，是我国元代时著名戏剧家、散曲家。

14-66 【中吕】喜春来·六艺·礼

夙兴夜寐尊师行，动止浑绝浮浪名，身潜诗礼且陶情。柳溪中，人世小蓬瀛[①]。

《六艺》六曲载《雍熙乐府》十九。六艺，指礼、乐、射、御、书、数六种科目。礼，指礼节（类似今日德育）。礼有五礼，即吉礼、凶礼、宾礼、军礼、嘉礼。

① 蓬瀛：即蓬莱、瀛洲，皆山名，相传为仙人所居。这里喻指仙境。

14-67 【中吕】喜春来·六艺·乐

宫商律吕随时奏，散虑焚香理素琴，人和神悦在佳音。不关心，玉漏滴残淋。

乐：指音乐。六乐，包括《云门大卷》《大咸》《大韶》《大夏》《大濩（hù）》《大武》。

14-68 【中吕】喜春来·六艺·射

古来射席观其德，今向樽前自乐心，醉横壶矢卧蓑阴。且闲身，醒踏月明吟。

射：射箭，包括白矢、参（sān）连、剡（yǎn）注、襄（ràng）尺、井仪五种。

14-69 【中吕】喜春来·六艺·御

昔驰铁骑经燕赵，往复奔腾稳似船，今朝两鬓已成斑。机自参，牛背得身安。

御：驾驶马车的技术，包括鸣和鸾、逐水曲、过君表、舞交衢（qú）、逐禽左五种。

14-70 【中吕】喜春来·六艺（二首）

书

笔尖落纸生云雾，扫出龙蛇[1]惊四筵，蛮书写毕动君颜。酒中仙，一恁醉长安。

数

盈虚妙自胸中蓄，万事幽传一掌间，不如长醉酒垆边。是非潜，终日乐尧年[2]。

书：指各种历史典章文化知识。该处将指书法。数：指计算、数学的技术。

① 龙蛇：此谓草书笔势之蜿蜒曲折。

②尧年：喻指太平年月。《陈书·沈不害传》："盛德大业，遂蕴尧年。"

第15课　张养浩《山坡羊》曲五首

张养浩（1270—1329年），字希孟，号云庄，又称齐东野人，济南人。张养浩少有才学，历仕监察御史、官翰林侍读、礼部尚书等，后辞官归隐，朝廷七聘不出。天历二年（1329年），关中大旱，出任陕西行台中丞。这一年，积劳成疾，逝世于任上，尊称为张文忠公。其代表作品有《三事忠告》，散曲《山坡羊·潼关怀古》等。

15-71　【中吕】山坡羊·洛阳怀古

天津桥①上，凭阑遥望，舂陵王气都凋丧。树苍苍，水茫茫，云台②不见中兴将。千古转头归灭亡。功，也不久长；名，也不久长。

作者曾因直言政事，而被贬官，被废弃，这次虽被起用到陕西去赈灾，但后果怎样，他无法预料。因此，他在这首曲中流露出了低沉的、伤感的情绪。

① 天津桥：桥名，在洛阳城内，始建于隋炀帝。

② 云台：汉宫中的高台名。因台高耸入云，故名云台。

15-72　【中吕】山坡羊·骊山怀古

骊山四顾，阿房一炬①，当时奢侈今何处？只见草萧疏，水萦纡②，至今遗恨迷烟树。列国周齐秦汉楚。赢，都变做了土；输，都变做了土。

骊山，在今陕西省临潼县东南。相传周幽王为犬戎所逐，死于此山下，历代帝王曾在此建筑别宫异馆。张养浩途经骊山有所感而创作了这首小令。

① 阿房：阿房宫，秦宫殿名。一炬：指公元前206年12月，项羽引兵屠咸阳，烧秦宫殿，火三月不灭。

② 萦纡：形容水流回旋迂曲的样子。

15-73 【中吕】山坡羊·骊山屏翠

骊山屏翠，汤泉鼎沸，说琼楼玉宇①今俱废。汉唐碑，半为灰，荆榛长满繁华地。尧舜土阶君莫鄙。生，人赞美；亡，人赞美。

这首曲子前六句说秦（阿房宫）、汉、唐（华清池）虽然华丽辉煌，但是都湮没。而尧舜简朴，却是生前死后都被人们赞美。意思是说民心才是真正的丰碑。

① 琼楼玉宇：指秦之阿房宫和唐之华清宫等古代帝王所建楼阁。

15-74 【中吕】山坡羊·咸阳怀古

城池俱坏，英雄安在？云龙几度相交代！想兴衰，若为怀，唐家才起隋家败。世态有如云变改。疾，也是天地差①；迟，也是天地差！

作者在曲中感叹了世态变故之快。

① 天地差（chāi）：是说天地促使的。差：使也。

15-75 【中吕】山坡羊·未央怀古

三杰当日，俱曾此地，殷勤纳谏论兴废。见遗基，怎不伤悲，山河犹带英雄气。试上最高处闲坐地。东，也在画图里；西，也在画图里。

这首曲子是张养浩于公元1329年（元文宗天历二年）在陕西救灾期间所写。作者来到未央宫殿的遗址，登上那高大的土台基，思接千载，自然想到了这座宏伟宫殿的营造者，那些辅佐汉高祖刘邦创建大汉帝国江山的开国元勋们，尤其是被刘邦称为“人杰”的张良、萧何、韩信，即世称之为“三杰”者。在对“三杰”的仰慕之中，透露出作者想建功立业、有所作为的雄心壮志。

第16课　袁宏道感怀诗五首

袁宏道（1568—1610年），字中郎，号石公，明代文学家。万历二十年（1592年）进士，历任吴县知县、礼部主事、国子博士等职。他是明代文学反对复古运动主将，提出“独抒性灵，不拘格套”的性灵说，认为文章与时代有密切关系。他与其兄袁宗道、弟袁中道并有才名，合称“公安三袁”。由于三袁是荆州公安县人，其文学流派世称“公安派”或“公安体”。

16-76

桃花雨

浅碧深红大半残，恶风催雨剪刀寒。

桃花若比杭州女，洗却胭脂不耐看。

这首诗写了春分前后的“桃花雨”，表现了诗人的惜花之情。

16-77

经下邳

诸儒坑尽一身余，始觉秦家网目疏。

枉把六经灰火底，桥边犹有未烧书。

作者借张良在下邳（pī）桥得黄石公授书的故事，笑秦始皇焚书坑儒“枉把六经灰火底，桥边犹有未烧书”。其实书是烧不尽的，儒生也没有坑绝，再回头看焚书坑儒，才知道无论多么严酷的法治，都有漏洞。

16-78

广陵别景升、小修

搔头几日见新丝，二月河桥上马时。
长短官街惊梦鼓，高低杨柳罥①肠枝。
江烟一担充行李，流水三叉各路歧。
北地南天千万里，青巾白帢②几人知？

这首诗是写作者在扬州与弟中道（字小修）、友人潘之恒（字景升）作别。
① 罥（juàn）：挂。　② 白帢（qià）：古代未仕者戴的白帽。

16-79

感　事

湘山晴色远微微，尽日江头独醉归。
不见两关传露布①，尚闻三殿未垂衣②。
边筹自古无中下，朝论于今有是非。
日暮平沙秋草乱，一双白鸟避人飞。

作者进士及第后告假还乡，此诗即作于家居时。明代万历后期，内忧外患，危机四伏，西北和东北边境处于多事之秋，而朝中在这一重大问题上存在严重分歧。作者深为国家民族的利益与前途而忧虑。
① 露布：一种军事文告。　② 垂衣：垂衣拱手，指天下大治。

16-80

天坛四首（其二）

碧翁难道是无情？分合千年议不成。
不得宁居天亦苦，古来多事是书生。

万历二十七年（1599），袁宏道任京兆教官，本组诗为作者游天坛所感。第二首诗表达作者对人世不安的慨叹。

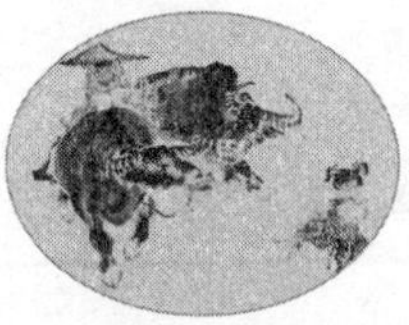

儒学悟道

第1单元 《论语》选读

导读

《论语》章句语约义丰，简明深刻，往往在一两句话里就包含丰富的人生哲理和人生经验。作为流传于后世的儒家学派经典，成为人们常用的成语、警句和格言的出处。其文字精练、质朴含蓄、概括力强。

《论语》以语录体为主，兼顾对话体和叙事体。语录体，即直接叙述孔子的话语；对话体，即记录孔子和弟子等人的对话；叙事体，即叙述孔子和弟子们的事迹。读《论语》，就是“为天地立心，为生民立命，为往圣继绝学，为万世开太平”。

第1课　《述而》选读

点拨

《述而》是《论语》的第七篇，共有三十八章。本篇提出了孔子的教育思想和学习态度，体现孔子对仁德等重要道德范畴的进一步阐释。

1. 子曰：“述而不作①，信而好古，窃②比于我老彭③。”

① 述：传述。作：创造。　② 窃：私自，私下。
③ 老彭：人名，但究竟指谁，学术界说法不一。后泛指传说中长寿的彭祖。

2. 子曰：“志于道，据于德①，依于仁，游于艺②。”

① 德：能把道贯彻到自己心中而不失掉就叫德。
② 艺：指孔子教授学生的礼、乐、射、御、书、数等六艺，都是日常所用。

3. 子曰：“不愤①不启，不悱②不发，举一隅不以三隅反，则不复也。”

① 愤：苦思冥想而仍然领会不了的样子。　② 悱（fěi）：想说又不能明确说出来的样子。

4. 子谓颜渊曰："用之则行，舍之则藏[1]，惟我与尔有是夫！"

子路曰："子行三军[2]，则谁与[3]？"

子曰："暴虎冯河[4]，死而无悔者，吾不与也。必也临事而惧，好谋而成者也。"

① 舍：舍弃，不用。藏：隐藏。
② 三军：古代大国所有的军队，每军约一万二千五百人。
③ 与：在一起。
④ 暴虎冯（píng）河：比喻有勇无谋，鲁莽冒险。暴虎：空手搏虎。冯河：过河不借助工具，即徒步涉水过河。

5. 子曰："富[1]而可求也，虽执鞭之士[2]，吾亦为之。如不可求，从吾所好。"

① 富：指升官发财。
② 执鞭之士：古代手执皮鞭，为天子、诸侯和官员出入时开路的人。后泛指地位低下的职事。

6. 子在齐闻《韶》[1]，三月不知肉味，曰："不图为乐之至于斯也。"

①《韶》：舜乐名。

7. 子曰："饭疏食[1]饮水，曲肱[2]而枕之，乐亦在其中矣。不义而富且贵，于我如浮云[3]。"

① 疏食：粗粮。 ② 肱（gōng）：胳膊。 ③ 如浮云：像浮云在天边那样，与我无关。

8. 叶公[①]问孔子于子路，子路不对。子曰："女奚不曰，其为人也，发愤忘食，乐以忘忧，不知老之将至云尔[②]。"

① 叶（shè）公：姓沈名诸梁，楚国的大夫，为叶县尹。
② 云尔：而已，罢了。

9. 子曰："三人行，必有我师焉。择其善者而从之，其不善者而改之。"

10. 子曰："若圣与仁，则吾岂敢？抑[①]为之不厌，诲人不倦，则可谓云尔已矣。"公西华曰："正唯弟子不能学也。"

① 抑：不过是。

趣读

罕氏、乐氏与善为邻

鲁襄公二十九年，郑国子展去世，他的儿子子皮罕虎继承他的职位。当时郑国饥荒，还没到麦收时节，百姓困乏。子皮用子展遗命，送给国人粮食，每户一钟，由此得到郑国民众拥护，所以罕氏一直执掌国政，担任上卿。

宋国司城子罕乐喜听说了，说："与邻为善，这是百姓的期望。"宋国也饥荒，子罕向宋平公请求，拿出公室的粮食借给人民；让大夫都借粮给百姓。司城氏借粮而不立借条，并替没粮可借的大夫代为放粮。于是宋国没有挨饿的人。

叔向听说后，说："郑国的罕氏（子展、子皮罕虎），宋国的乐氏（子罕乐喜为乐氏），大概会是最后消亡的，两家都将会长久执掌国政吧！因为百姓归服于他们。施恩而不求感激，乐氏显得更胜一筹，他家大概会与宋国同盛衰吧！"

第2课 《泰伯》选读

点拨

《泰伯》是《论语》的第八篇，共有二十一章。本篇内容涉及孔子及其学生对尧、舜、禹等古代先王的评价，孔子在教学方法和教育思想上的进一步发挥，孔子弟子曾子在道德修身等若干问题上的精辟见解。

1. 曾子有疾，召门弟子曰："启①予足！启予手！《诗》云：'战战兢兢，如临深渊，如履薄冰。'②而今而后，吾知免③夫！小子！"

---

① 启：通"晵"。晵，视也。 ②《诗》云句：见《诗经·小雅·小旻》篇。
③ 免：指身体免于毁伤。

2. 曾子有疾，孟敬子①问之。曾子言曰："鸟之将死，其鸣也哀；人之将死，其言也善。君子所贵乎道者三：动容貌，斯远暴慢②矣；正颜色，斯近信矣；出辞气，斯远鄙倍③矣。笾豆之事④，则有司⑤存。"

---

① 孟敬子：即仲孙捷，鲁国大夫。 ② 暴慢：暴是粗暴无礼，慢是懈怠不敬。
③ 鄙倍：鄙是粗野鄙陋。倍：同"背"，不合理，错误。
④ 笾（biān）豆之事：指礼仪中的一切具体细节。笾：古代的一种竹器，高脚，上面圆口，有些像碗，祭祀时用以盛果实等食品。豆：古代一种像笾一般的器皿，木料做的，有盖，用以盛有汁的食物，祭祀时也用它。
⑤ 有司：主管其事的小吏。

3.曾子曰："可以托六尺[1]之孤，可以寄百里之命，临大节而不可夺也——君子人与？君子人也。"

① 六尺：古代尺短，六尺约合今日一百三十八厘米，身高六尺的人还是小孩，一般指十五岁以下的人。

4. 曾子曰："士不可以不弘毅[1]，任重而道远。仁以为己任，不亦重乎？死而后已，不亦远乎？"

① 弘毅：宽宏坚毅，谓抱负远大，意志坚强。

5. 子曰："兴于《诗》，立于礼，成于乐[1]。"

① 成于乐：孔子所谓"乐"的内容和本质都离不开"礼"，因此常常"礼乐"连言。他本人也很懂音乐，因此把音乐作为他教学工作的一个重要手段。

6. 子曰："如有周公[1]之才之美，使[2]骄且吝，其余不足观也已。"

① 周公：周公旦，辅佐周文王、周武王的功臣。 ② 使：假使。

7. 子曰："笃信[1]好学，守死善道。危邦不入，乱邦不居[2]。天下有道则见[3]，无道则隐。邦有道，贫且贱焉，耻也；邦无道，富且贵焉，耻也。"

① 笃信：忠实地信仰。 ② 危邦：将要发生暴乱的地方。乱邦：已经发生暴乱的地方。
③ 见：同"现"。

8. 子曰："学如不及，犹恐失之。"

9. 子曰："大哉尧之为君也！巍巍乎！唯天为大，唯尧则之。荡荡乎，民无能名焉。巍巍乎其有成功[①]也，焕乎[②]其有文章[③]！"

① 成功：大功绩。 ② 焕乎：鲜明的样子。 ③ 文章：礼乐法度。

10. 子曰："禹，吾无间然矣。菲饮食而致孝乎鬼神，恶衣服而致美乎黻冕[①]，卑宫室而尽力乎沟洫[②]。禹，吾无间然矣。"

① 黻（fú）：祭祀时穿的礼服。冕（miǎn）：祭祀时的礼帽。 ② 沟洫（xù）：沟渠，这里指农田水利。

趣读

见危授命

有一天，子路向他的老师孔子请教道："先生，怎样做才能成为一个人格完善、德才兼备的人呢？"

孔子想了想，回答说："一个人假若有鲁国大夫臧武仲那样的明智，孟公绰那样的淡泊寡欲，鲁国勇士卞庄子那样的勇敢，冉求那样的多才多艺，再以礼和乐来增加文采，就可以成为一个完美的人了。"

子路说："先生，这个标准太高了，不是一般人所能做到的啊！"

孔子停顿了片刻，又进一步解释说："是呀，世上哪有十全十美的人呢？若要成为一个完美无缺的人，何必一定要这样要求呢？只要他能做到见到财货就想到道义，遇到国家危难而不惜献出生命，长久处于穷困的环境而不忘记平日的诺言，也就可以成为一个完美的人了。"

子路听到这里，若有所悟地点了点头。

第3课 《子罕》选读

点拨

《子罕》是《论语》的第九篇，共有31章。本篇内容涉及孔子的道德教育思想，孔子弟子对其师的评价等。

1. 达巷党①人曰："大哉孔子！博学而无所成名②。"子闻之，谓门弟子曰："吾何执？执御乎？执射乎？吾执御矣。"

① 达巷党：党名。古代五百家为一党。
② 博学而无所成名：学问渊博，因而不能以某一方面来称道他。

2. 子畏于匡①，曰："文王既没，文不在兹②乎？天之将丧斯文也，后死者③不得与于斯文也；天之未丧斯文也，匡人其如予何？"

① 子畏于匡：《史记·孔子世家》说，孔子离开卫国，准备到陈国去，经过匡。匡人曾经遭受过鲁国阳货的掠夺和残杀，而孔子的相貌很像阳货，便以为孔子就是过去曾经残害过匡人的人，于是囚禁了孔子。畏：拘囚。
② 兹：这里，指孔子自己。　③ 后死者：孔子自谓。

3. 太宰①问于子贡曰："夫子圣者与？何其多能也？"子贡曰："固天纵②之将圣，又多能也。"

子闻之，曰："太宰知我乎？吾少也贱，故多能鄙事③。君子多乎哉？不多也。"

① 太宰：官名，负责管理宫廷事务。　② 纵：让，使，不加限量。　③ 鄙事：卑贱的事情。

4. 颜渊喟然[①]叹曰："仰之弥[②]高，钻之弥坚。瞻之在前，忽焉在后。夫子循循然善诱人[③]，博我以文，约我以礼，欲罢不能。既竭吾才，如有所立卓尔[④]。虽欲从之，末由[⑤]也已。"

① 喟（kuì）然：叹息的样子。 ② 弥（mí）：更加，越发。
③ 循循然：有次序地。诱：劝导，引导。 ④ 卓尔：高大、超群的样子。
⑤ 末：没有。由：途径，路径。这里指办法。

5. 子贡曰："有美玉于斯，韫椟[①]而藏诸？求善贾[②]而沽诸？"子曰："沽之哉！沽之哉！我待贾者也。"

① 韫椟（yùn dú）：收藏在柜子里。韫：收藏。椟：柜子。
② 善贾（gǔ）：识货的好商人。

6. 子曰："吾自卫反鲁[①]，然后乐正[②]，《雅》《颂》各得其所。"

① 自卫反鲁：公元前484年（鲁哀公十一年）冬，孔子从卫国返回鲁国，结束了十四年周游列国、游历不定的生活。
② 乐正：调整乐曲的篇章。

7. 子在川上[①]，曰："逝者[②]如斯夫！不舍昼夜。"

① 川上：岸边。 ② 逝者：流逝的时光。

8. 子曰："譬如为山，未成一篑[①]，止，吾止也。譬如平地，虽覆一篑，进，吾往也。"

① 篑（kuì）：土筐。

9. 子曰："后生可畏[1]，焉知来者之不如今也？四十、五十[2]而无闻焉，斯亦不足畏也已。"

① 后生可畏：后生，指年少者，因其来日方长，前途无限，故可畏。
② 四十、五十：这是孔子理想人生的两个重要年岁，四十岁应"不惑"，不被人厌恶；五十岁应"知天命"，不应有大过。

10. 子曰："衣敝缊袍[1]，与衣狐貉者[2]立，而不耻者，其由也与？'不忮不求，何用不臧[3]？'"子路终身诵之。子曰："是道也，何足以臧？"

① 衣（yì）：动词，穿着。缊（yùn）袍：用旧丝绵絮做成的袍子。
② 狐貉（hé）者：穿着狐貉皮袍的人。
③ "不忮不求"句：引自《诗经·邶风·雄雉》。忮（zhì）：嫉妒。臧（zāng）：善，好。

趣读

孔子论道

孔子被困在陈国与蔡国之间，接连七天不能烧火做饭，野菜做的汤里面连一个米粒也没有，但是仍然在屋里抚琴唱歌。

子路很苦恼，来到孔子弹琴的地方，对孔子说："像我们这样在天下传道，却遭受如此困境，可以说是走投无路了吧？"

孔子回答说："怎么能这么说呢？我孔丘虽然在这样的乱世之中遇到忧患，但是，这是因为坚持仁义之道所致。如果因为遇到忧患就放弃仁义，还能算君子吗？既然有君子之道，就不能说是走投无路啊。"

孔子接着说："既然要推行君子之道，就要在心中永远坚持道义，即使遇到灾难也不失去道德原则。你们看到那些松树和柏树了吗？无论天气多么寒冷，霜雪多么凌厉，都是常青不谢。现在我们遇到了阻碍，从而可以考验自己是否能坚持住道德仁义，这是一种幸运啊。"

说完，孔子又把琴拿过来，继续抚琴，唱起歌来。子路高兴地拿起盾牌随着节拍跳起舞来。

第4课 《乡党》选读

点拨

《乡党》是《论语》的第十篇，共有27章，集中记载了孔子的举止容貌、衣食住行，颂扬孔子是个一举一动都符合礼的正人君子。

1. 孔子于乡党，恂恂如①也，似不能言者。其在宗庙朝庭，便便②言，唯谨尔。

① 恂恂（xún）如：温和恭顺的样子。 ② 便（pián）便：形容言语明白流畅。

2. 君召使摈，色勃如也，足躩如①也。揖所与立，左右手，衣前后②，襜③如也。趋进④，翼如也。宾退，必复命曰："宾不顾矣。"

① 躩（jué）如：脚步盘旋的样子。 ② 前后：俯仰的意思。 ③ 襜（chān）：整齐的样子。
④ 趋进：是快步前进，一种表示敬意的动作。

3. 入公门，鞠躬如①也，如不容。立不中门，行不履阈②。过位，色勃如也，足躩如也，其言似不足者。摄齐③升堂，鞠躬如也，屏气似不息者。出，降一等④，逞⑤颜色，怡怡如也。没阶⑥，趋进，翼如也。复其位，踧踖如⑦也。

① 鞠躬如：谨慎而恭敬的样子。 ②履：踩，踏。阈（yù）：门槛。
③ 摄：提起。齐（zī）：衣服的下摆。 ④ 降一等：从台阶上走下一级。
⑤ 逞：舒展开，松口气。 ⑥ 没（mò）阶：走完了台阶。
⑦ 踧踖（cù jí）如：恭敬不安的样子。

4. 食不厌精，脍[①]不厌细。食饐而餲[②]，鱼馁而肉败[③]，不食。色恶，不食。臭恶，不食。失饪[④]，不食。不时[⑤]，不食。割不正[⑥]，不食。不得其酱，不食。肉虽多，不使胜食气[⑦]。惟酒无量，不及乱[⑧]。沽酒市脯[⑨]不食。不撤姜食，不多食。

① 脍（kuài）：切细的鱼、肉。 ② 饐（yì）：陈旧，这里指食物放置时间长了。餲（ài）：变味。
③ 馁（něi）：鱼腐烂，这里指鱼不新鲜。败：肉腐烂，这里指肉不新鲜。
④ 饪：烹调制作饭菜。 ⑤ 不时：不是该当吃食的时候。
⑥ 割不正：肉切得不方正。 ⑦ 气（xì）：同“饩”，即粮食。
⑧ 乱：指酒醉。 ⑨ 脯（fǔ）：熟肉干。

5. 祭于公，不宿肉[①]。祭肉[②]不出三日。出三日，不食之矣。

① 不宿肉：不使肉过夜。古代大夫参加国君祭祀以后，可以得到国君赐的祭肉。但祭祀活动一般要持续二三天，所以这些肉就已经不新鲜，不能再过夜了。超过三天，就不能再食用了。
② 祭肉：指祭祀用的肉。

6. 乡人饮酒[①]，杖者[②]出，斯出矣。

① 乡人饮酒：指当时的乡饮酒礼。 ② 杖者：拿拐杖的人，指老年人。

7. 康子[①]馈药，拜而受之。曰：“丘未达[②]，不敢尝。”

① 康子：即季孙肥，鲁哀公时的正卿，执掌国政。“康”是谥（shì）号。 ② 达：了解。

8. 厩焚[①]。子退朝，曰：“伤人乎？”不问马。

① 厩：马棚。焚：失火被烧。

9. 升车，必正立，执绥[①]。车中不内顾，不疾言，不亲指。

① 绥（suí）：车上绳索，上车时用手拉着以保持身体平稳。

10. 色斯举矣[①]，翔而后集[②]。曰："山梁雌雉[③]，时哉时哉！[④]"子路共[⑤]之，三嗅[⑥]而作。

① 色：脸色。举：鸟飞起来。
② 翔而后集：飞翔一阵，然后落到树上。鸟群停在树上叫"集"。
③ 山梁雌雉（zhì）：聚集在山梁上的母野鸡。
④ 时哉时哉：得其时呀！得其时呀！这是说野鸡时运好，能自由飞翔，自由落下。
⑤ 共：通"拱"。
⑥ 嗅：应为"狊"（jù），鸟张两翅的样子。

趣读

孔子观周

孔子对南宫敬叔说："我听说老子博古通今，通晓礼乐的起源，明白道德的归属，那么他就是我的老师，现在我要到他那里去。"南宫敬叔回答说："我遵从您的意愿。"

鲁国国君很痛快地答应了南宫敬叔提出资助孔子观周的要求，送给孔子一辆车，两匹马，派了一个人给他驾车。南宫敬叔和孔子一起到了周国。孔子向老子询问礼，向苌弘询问乐，走遍了祭祀天地之所，考察明堂的规则，察看宗庙朝堂的制度。于是感叹地说："我现在才知道周公的圣明，以及周国称王天下的原因。"

离开周国时，老子去送他，说："我听说富贵者拿财物送人，仁者用言语送人。我非富贵之人，就私下用一下仁者的称号，请让我用言语送你吧！凡是当今的士人，因聪明深察而危及生命的，都是喜欢讥讽议论别人的人；因知识广博喜好辩论而危及生命的，都是喜好揭发别人隐私的人。作为人子不要只想着自己，作为人臣既要尽职又要能全其自身。"孔子说："我一定遵循您的教诲。"从周国返回鲁国，孔子的道更加受人尊崇了。从远方来向他学习的，大约有三千人。

第5课 《先进》选读

点拨

《先进》是《论语》的第十一篇，共有26章。这一篇中包括孔子对弟子们的评价，学习各种知识与日后做官的关系；孔子对待鬼神、生死问题的态度等。

1. 子曰："先进[①]于礼乐，野人也；后进[②]于礼乐，君子也。如用之，则吾从先进。"

① 先进：先学习礼乐而后做官的人。 ② 后进：先有了官位而后学习礼乐的人。

2. 德行：颜渊，闵子骞，冉伯牛，仲弓。言语：宰我，子贡。政事：冉有，季路。文学[①]：子游，子夏。

① 文学：指古代文献，即孔子所传的《诗》《书》《礼》《乐》《易》《春秋》等。

3. 颜渊死，颜路[①]请子之车以为之椁[②]。子曰："才不才，亦各言其子也。鲤[③]也死，有棺而无椁。吾不徒行以为之椁。以吾从大夫之后[④]，不可徒行也。"

① 颜路：名无繇，字路，颜渊的父亲，也是孔子的学生。
② 椁（guǒ）：古人所用棺材，内为棺，外为椁。 ③ 鲤：孔子的儿子，字伯鱼。
④ 从大夫之后：跟随在大夫们的后面，意即当过大夫。孔子在鲁国曾任司寇，是大夫一级的官员。

4. 季路问事鬼神。子曰："未能事人，焉能事鬼？"曰："敢[①]问死。"曰："未知生，焉知死？"

① 敢：谦词，冒昧。

5. 鲁人[①]为长府[②]。闵子骞曰："仍旧贯[③]，如之何？何必改作？"子曰："夫人[④]不言，言必有中。"

① 鲁人：指鲁国的当权者。 ② 为：改建。长府：鲁国的国库名。藏财货、兵器等的仓库叫"府"。
③ 仍：照着，因循。旧贯：老样子。 ④ 夫（fú）人：这个人。

6. 子贡问："师与商[①]也孰贤？"子曰："师也过，商也不及。"曰："然则师愈[②]与？"子曰："过犹不及。"

① 师与商：师，颛（zhuān）孙师，即子张；商，卜商，即子夏。
② 愈：胜过，强些。

7. 季氏富于周公[①]，而求也为之聚敛而附益之[②]。子曰："非吾徒也。小子鸣鼓而攻之，可也。"

① 周公：指周公旦。
② 聚敛而附益之：事实可参阅《左传》哀公十一年和十二年文。季氏要用田赋制度，增加赋税，使冉求征求孔子的意见，孔子则主张"施取其厚，事举其中，敛从其薄"。结果冉求仍旧听从季氏，实行田赋制度。敛：赋税。

8. 子张问善人之道。子曰："不践迹，亦不入于室[①]。"

① 入于室：比喻学习已探得精髓。

9. 子路问："闻斯行诸[①]？"子曰："有父兄在，如之何其闻斯行之？"冉有问："闻斯行诸？"子曰："闻斯行之。"公西华曰："由也问闻斯行诸，子曰'有父兄在'；求也问闻斯行诸，子曰'闻斯行之'。赤也惑，敢问。"子曰："求也退，故进之；由也兼人[②]，故退之。"

① 诸："之乎"二字的合音，相当于"之于"的意思。 ② 兼人：好勇过人。

10. 季子然[1]问："仲由、冉求可谓大臣与？"子曰："吾以子为异之问，曾[2]由与求之问。所谓大臣者，以道事君，不可则止。今由与求也，可谓具臣[3]矣。"曰："然则从之者与？"子曰："弑父与君，亦不从也。"

---

① 季子然：鲁国季氏的同族人。 ② 曾：乃，竟。 ③ 具臣：具备臣属的才能。

趣读

曾子耘瓜

一次，曾子有过错，在瓜地里除草，将瓜苗的根斩断了，其父曾皙就拿起拐杖揍他。

曾子被打得扑倒在地上，好长时间都不省人事。过了一会，曾子醒了，高兴地站起来对父亲说："刚才我得罪了父亲大人，大人来教训我，您没有受伤吧？"他说完回到家里，弹着琴唱起了歌，想让父亲知道自己没有受伤。

孔子知道这件事情后很生气，对门人说："曾参如果来了，不要让他进来！"曾参认为自己没有错误，就请人转告孔子他要来拜见。

孔子就让人转告曾子道："曾参，他没有听说过舜的孝道故事吗？舜的父亲用小竹鞭子轻轻打他，他就忍受着。如果用大拐杖打他，他就逃跑。平常叫他做什么，他随时都在；如果要加害于他，就找不着他。曾参让父亲暴怒鞭打，拱手站着不逃走，这是要加害父亲啊。曾参也是一个百姓，如果因为父亲发怒打死儿子，就等于杀死一个百姓，那会给父亲留下什么罪啊？"

曾参听到孔子的转告，恍然大悟道："我的罪过太大了。"于是赶忙到孔子那里去承认错误。

第6课　《颜渊》选读

点拨

《颜渊》是《论语》的第十二篇，共有24章。本篇中，孔子根据弟子多次问“仁”，多样化地阐释了怎样才是“仁”，如“克己复礼为仁”“己所不欲、勿施于人”等。

1. 颜渊问仁。子曰：“克己复礼①为仁。一日克己复礼，天下归仁②焉。为仁由己，而由人乎哉？”

颜渊曰：“请问其目③。”子曰：“非礼勿视，非礼勿听，非礼勿言，非礼勿动。”

颜渊曰：“回虽不敏，请事④斯语矣。”

① 克己：克制自己。复礼：使自己的言行符合礼的要求。　② 归：归顺。仁：即仁道。
③ 目：具体的条目。目和纲相对。　④ 事：从事，照着去做。

2. 仲弓问仁。子曰：“出门如见大宾，使民如承大祭①。己所不欲，勿施于人。在邦无怨，在家无怨②。”

仲弓曰：“雍虽不敏，请事斯语矣。”

① “出门如见大宾”句：出门办事和役使百姓，都要像迎接贵宾和进行大祭时那样恭敬严肃。
② 邦：诸侯统治的国家。家：卿大夫统治的封地。

3. 司马牛忧曰：“人皆有兄弟，我独亡[1]。”子夏曰：“商闻之矣：死生有命，富贵在天。君子敬而无失[2]，与人恭而有礼。四海之内，皆兄弟也。君子何患乎无兄弟也？”

① 我独亡：唯独我没有。 ② 敬而无失：对待工作严肃认真，不出差错。

4. 子贡问政。子曰：“足食，足兵[1]，民信之矣。”

子贡曰：“必不得已而去，于斯三者何先？”曰：“去兵。”

子贡曰：“必不得已而去，于斯二者何先？”曰：“去食。自古皆有死，民无信不立。”

① 足兵：充足军备。

5. 齐景公[1]问政于孔子。孔子对曰：“君君，臣臣，父父，子子。”公曰：“善哉！信如君不君，臣不臣，父不父，子不子，虽有粟，吾得而食诸[2]？”

① 齐景公：名杵臼，齐国国君，公元前547至前490年在位。
② 吾得而食诸：我能吃得着吗？

6. 子曰：“君子成人之美，不成人之恶。小人反是[1]。”

① 反是：和这相反。

7. 季康子问政于孔子曰："如杀无道[1]，以就有道[2]，何如？"孔子对曰："子为政，焉用杀？子欲善而民善矣。君子之德风，小人之德草。草上之风[3]，必偃[4]。"

① 无道：指没有道德的人。 ② 有道：指有道德的人。 ③ 草上之风：指风加之于草。
④ 偃：仆，倒。

8. 樊迟从游于舞雩[1]之下，曰："敢问崇德，修慝[2]，辨惑。"子曰："善哉问！先事后得[3]，非崇德与？攻其恶，无攻人之恶，非修慝与？一朝之忿[4]，忘其身，以及其亲，非惑与？"

① 舞雩（yú）：台名，鲁国求雨的坛。 ② 修：改正。慝（tè）：邪恶的念头。
③ 先事后得：先致力于事，把利禄放在后面。 ④ 忿：忿怒，气愤。

9. 子贡问友。子曰："忠告而善道[1]之，不可则止，毋自辱焉。"

① 善道：好好地引导。

10. 曾子曰："君子以文会友，以友辅仁[1]。"

① 以友辅仁：用朋友来帮助我培养仁德。

趣读

魏绛劝晋君居安思危

春秋时期，宋、齐、卫等国组成的十二国联盟，联合出兵攻打郑国。郑国国君接到报告，慌了手脚，急忙向晋国求和，因为晋国是当时十二国中最大的国家。晋国答应了郑国的请求，其余十一国也停止了进攻。

事后，郑国给晋国国君晋悼公送去了大批礼物，以表示对晋国的感谢。礼物十分贵重，有著名的乐师三人，配有兵甲的成套战车和其他战车共一百辆，美丽窈窕的歌女十六人，还有许多钟磬之类的乐器。

晋悼公十分高兴地接受了礼物，并挑出八个歌女，准备封赏给晋国功臣魏绛，说："这几年你跟我鞍前马后，为我出谋划策，立了不少战功，国家治理得也很顺利，好比奏乐一样，音调和谐，节奏合拍，真是太好了！现在就让我们一同享受这批礼物吧！"

出乎意料的是，魏绛并没有欣喜，反而忧心忡忡地对晋悼公说："晋国之所以治理得井井有条，首先归功于您的功德，其次是靠大臣们齐心协力，我个人有什么功劳呢？但愿您在尽享安乐的同时，时时想到国家还有很多事情要办。《书经》上有这样的话：'居安思危。'谨以这句话奉劝国君。"

晋悼公听了魏绛这番卓有见识的话语，很受启发，便爽快地接受了魏绛的建议，退回礼物。

第2单元 《孟子》选读

导 读

《孟子》是记载孟子及其学生言行的一部书，共七篇，又各分上、下。孟子生活的战国中期，社会更加动荡不安。同时，思想也更加活跃，正是“百家争鸣”的时代。所以，孟子一方面继承了孔子的政治思想和教育思想，另一方面又有所发展，形成了自己的政治和学术思想。同时，在与墨家、道家、法家等学派的激烈交锋中，孟子维护了儒家学派的理论，也确立了自己在儒学中的重要地位，成为仅次于孔子的正宗大儒。随着儒家地位的不断提高，孔子被尊为“圣人”，孟子也被称为“亚圣”。

与《论语》一样，《孟子》也是以记言为主的语录体散文，但它比《论语》又有明显的发展。《论语》文字简约、含蓄，《孟子》却有许多长篇大论，气势磅礴，议论尖锐、机智而雄辩。如果说《论语》给人的感觉是仁者的谆谆告诫，那么《孟子》给人的感觉就是侃侃而谈，对后世的散文写作产生了深刻的影响。《孟子》一书是战国时期孟子的言论汇编，记录了孟子与其他各家思想的争辩、对弟子的言传身教以及游说诸侯等内容，由孟子及其弟子共同编撰而成。其学说出发点为性善论，主张德治，属儒家经典著作。

第7课 《梁惠王》选读

点拨

《梁惠王》是《孟子》七篇第一篇。梁惠王尽管给了百姓一点小恩小惠，但他发动战争欺压黎民，跟别国的暴君没有本质的差别。在这个篇章中，孟子的“民贵君轻”思想得到了较好的展现。

1. 孟子见梁惠王

孟子见梁惠王①。王曰：“叟②！不远千里而来，亦将有以利吾国乎？”

孟子对曰：“王！何必曰利？亦有仁义而已矣。王曰：‘何以利吾国？’大夫曰：‘何以利吾家？’士庶人③曰：‘何以利吾身？’上下交征④利而国危矣。万乘⑤之国，弑⑥其君者，必千乘之家；千乘之国，弑其君者，必百乘之家。万取千焉，千取百焉，不为不多矣。苟为后义而先利，不夺不餍⑦。未有仁而遗其亲者也，未有义而后其君者也。王亦曰仁义而已矣，何必曰利？”

---

① 梁惠王：就是魏惠王（公元前400—前319年），惠是他的谥（shì）号。公元前370年他承继父亲魏武侯即位，即位后九年迁都大梁（今河南开封西北），所以又叫梁惠王。

② 叟：老人。 ③ 士庶人：士和庶人。庶人：老百姓。 ④ 交征：互相争夺。征：取。

⑤ 乘（shèng）：古代用四匹马拉的一辆兵车叫一乘，诸侯国的大小以兵车的多少来衡量。

⑥ 弑（shì）：下杀上，卑杀尊，臣杀君叫弑。

⑦ 餍（yàn）：满足。

2. 文王之囿

齐宣王问曰："文王之囿①方七十里，有诸？"

孟子对曰："于传②有之。"

曰："若是其大乎？"

曰："民犹以为小也。"

曰："寡人之囿方四十里，民犹以为大，何也？"

曰："文王之囿方七十里，刍荛者③往焉，雉兔者④往焉，与民同之。民以为小，不亦宜乎？臣始至于境，问国之大禁⑤，然后敢入。臣闻郊关之内⑥有囿方四十里，杀其麋鹿者，如杀人之罪。则是方四十里为阱⑦于国中。民以为大，不亦宜乎？"

① 文王：指周文王。囿（yòu）：古代畜养禽兽以供观赏的园林。 ② 传：指文献记载。
③ 刍荛（chú ráo）者：割草砍柴的人。 ④ 雉（zhì）兔者：捕猎禽兽的人。
⑤ 大禁：重要的禁令。 ⑥ 郊关之内：指国境之内。郊是国都之外的近郊，关是边境上的关卡。
⑦ 阱（jǐng）：捕野兽用的陷坑。孟子将齐宣王方四十里之宥比喻为残害百姓的大陷阱。

趣读

梁惠王治国之惑

梁惠王认为自己圣心治国，却不见国强民众，特地向来访的孟子请教。孟子一针见血地指出了其中的原因，即梁惠王喜欢战争，并以"五十步笑百步"的战场逃兵典故，表明梁惠王和其他喜欢争伐的国君没有区别，自然也就难以国强民众了。随后，孟子向梁惠王提出了国强民众的兴国之策：

"如果在农民耕种收获的季节，不去征兵征工，妨碍生产，那粮食便会吃不尽了。如果细密的渔网不到大的池沼里去捕鱼，那鱼类也会吃不完了。如果砍伐树木有一定的时间，木材也会用不尽了。粮食和鱼类吃不完，木材用不尽，这样便使百姓对生养死葬没有什么不满。百姓对于生养死葬没有什么不满，就是王道的开端。"

第8课 《公孙丑》选读

点拨

《公孙丑》记录了孟子及其弟子的大量人善仁政学说。本课选文讨论了两个问题：一是仁政，因为孟子身处战乱频仍的战国动荡时代，许多国家民不聊生，所以提出了仁政这个治国理念；二是孟子因齐宣王不采纳其仁政学说而“去齐”，仍然秉持“当今之世，舍我其谁”的人生志向。

1. 不忍人之心

孟子曰：“人皆有不忍人之心①。先王有不忍人之心，斯有不忍人之政矣。以不忍人之心，行不忍人之政，治天下可运之掌上。所以谓人皆有不忍人之心者，今人乍②见孺子将入于井，皆有怵惕恻隐③之心——非所以内交④于孺子之父母也，非所以要誉⑤于乡党朋友也，非恶其声而然也。由是观之，无恻隐之心，非人也；无羞恶之心，非人也；无辞让之心，非人也；无是非之心，非人也。恻隐之心，仁之端也；羞恶之心，义之端也；辞让之心，礼之端也；是非之心，智之端也。人之有是四端也，犹其有四体也。有是四端而自谓不能者，自贼者也；谓其君不能者，贼其君者也。凡有四端于我者，知皆扩而充之矣，若火之始然⑥，泉之始达。苟能充之，足以保四海；苟不充之，不足以事父母。”

---

① 不忍人之心：怜悯心，同情心。 ② 乍：突然、忽然。
③ 怵（chù）惕：惊惧。恻隐：哀痛，同情。 ④ 内交：结交。内：同“纳”。
⑤ 要（yāo）誉：博取名誉。要：同“邀”，求。 ⑥ 然：同“燃”。

2. 孟子去齐

孟子去齐，充虞路问曰："夫子若有不豫[1]色然。前日虞闻诸夫子曰：'君子不怨天，不尤人[2]。'"

曰："彼一时，此一时也。五百年必有王者兴，其间必有名世者[3]。由周而来，七百有馀岁矣。以其数，则过矣；以其时考之，则可矣。夫天未欲平治天下也，如欲平治天下，当今之世，舍我其谁也？吾何为不豫哉？"

---

① 豫：快乐，愉快。
② 不怨天，不尤人：这是引孔子的话，见《论语·宪问》。尤，责怪，抱怨。
③ 名世者：有名望而辅佐君王的人。

趣读

孟子辨贤

孟子到了齐国的平陆县，对这个县的长官说："如果你的守卫战士在一天内三次失职，你会开除他们吗？"长官说："不用等三次。"

孟子说："然而您失职的地方也多，灾荒歉收的年份，你的百姓们，老弱病残的辗转于沟壑而死亡，年轻力壮的散走四方逃难，有好几千人啊。"长官说："这不是我孔距心的能力所能处理好的呀。"

孟子说："现在假如有个人接受了替别人放牧牛羊的事，那一定要设法找到牧场和喂养牲畜的草料。要是找不到牧场和草料，那么是把牛羊还给主人，还是站在一旁眼看着牛羊饿死呢？"长官说："这是我孔距心的罪过了。"

后来有一天，孟子见到齐王，就对齐王说："大王管理都邑的地方长官，我知道有五个人。能够知道自己有失职罪过的，唯有孔距心。"于是就为齐王讲述了经过。齐王说："这也是我的失职罪过啊。"

第9课 《滕文公》选读

点拨

《滕文公》是《孟子》中的经典篇章。作品通过孟子和其他人交谈的语录来讲明道理，形象生动。其中孟子与滕文公的对话，充分体现出孟子“民为贵，社稷次之，君为轻”的思想。

滕文公问为国

滕文公问为国。孟子曰：“民事不可缓也。《诗》云：‘昼尔于茅，宵尔索绹；亟其乘屋，其始播百谷。’[①]民之为道也，有恒产者有恒心，无恒产者无恒心。苟无恒心，放辟邪侈，无不为已。及陷乎罪，然后从而刑之，是罔民也。焉有仁人在位罔民而可为也？是故贤君必恭俭礼下，取于民有制。阳虎[②]曰：‘为富不仁矣，为仁不富矣。’

“夏后氏五十而贡，殷人七十而助，周人百亩而彻[③]，其实皆什一也。彻者，彻也；助者，藉[④]也。龙子曰：‘治地莫善于助，莫不善于贡。’贡者，校[⑤]数岁之中以为常。乐岁，粒米狼戾[⑥]，多取之而不为虐，则寡取之；凶年，粪[⑦]其田而不足，则必取盈焉。为民父母，使民盻盻[⑧]然，将终岁勤动，不得以养其父母，又称贷而益之，使老稚转乎沟壑，恶在其为民父母也？夫世禄，滕固行之矣。《诗》云：‘雨我公田，遂及我私。’[⑨]惟助为有公田。由此观之，虽周亦助也。

“设为庠序学校[10]以教之。庠者，养也。校者，教也。序者，射[11]也。夏曰校，殷曰序，周曰庠；学则三代共之，皆所以明人伦也。人伦明于上，小民亲于下。有王者起，必来取法，是为王者师也。

“《诗》云：‘周虽旧邦，其命惟新。’[12]文王之谓也。子力行之，亦以新子之国！”

① “昼尔于茅”句：引自《诗经·豳风·七月》。茅：茅草，用来盖屋顶。宵：晚上。索绹（táo）：绞绳索。百谷：泛指粮食。
② 阳虎：鲁国执政大夫季孙氏的家臣，曾挟持季桓子，操纵国政。
③ 彻：周法什一而税即为“彻”。 ④ 藉：借。意谓人们借力互助。 ⑤ 校（jiào）：比较。
⑥ 狼戾（lì）：狼藉，指粮食多弃于地上。 ⑦ 粪：施肥。 ⑧ 盻（xì）盻：勤苦不休息的样子。
⑨ “雨（yù）我公田”句：诗句引自《诗经·小雅·大田》。
⑩ 庠（xiáng）、序、校：古代乡校的名称。 ⑪ 射（yì）：通“绎”，陈列，指陈列人伦秩序的教导。
⑫ “周虽旧邦”句：引自《诗经·大雅·文王》。

趣读

邹穆公之恨

邹国与鲁国发生了冲突。邹穆公问孟子说：“这一次冲突，我的官吏牺牲了三十三个，老百姓却没有一个为他们死难的。杀了他们吧，杀不了那么多；不杀吧，他们瞪着两眼看着长官被杀却不去营救，实在可恨。您说，怎么办才好呢？”

孟子答道：“灾荒年岁，您的百姓，年老体弱的弃尸于山沟荒野之中，年轻力壮的便四处逃荒，这样的人有千把了；您的谷仓中却堆满了粮食，库房里装满了财宝。这种情形，您的有关官吏谁也不来报告，这就是在上位的人不关心老百姓，并且还残害他们。曾子曾经说过：‘戒之戒之！出乎尔者，反乎尔者也。’意思是说，提高警惕，提高警惕！你怎样去对待人家，人家将怎样回报你。现在，您的百姓可得着报复的机会了。您不要责备他们吧！您如果实行仁政，您的百姓自然就会爱护他们的上级，情愿为他们的长官牺牲了。”

第10课　《离娄》选读

点拨

《孟子·离娄》篇多数是格言式的短章。本篇孟子重点论述了君臣之道、父子家人相处之道，即君道、臣道、师道和孝道，说明了为君王者治国施政的至诚之道；为人臣者能格君心之非之道；为人师者能促成弟子完整人格之道；为人子女者事亲尽孝之道。

1. 人必自侮，然后人侮之

孟子曰："不仁者可与言哉？安其危而利其菑[①]，乐其所以亡者。不仁而可与言，则何亡国败家之有？有孺子歌曰：'沧浪[②]之水清兮，可以濯我缨[③]；沧浪之水浊兮，可以濯我足。'孔子曰：'小子听之！清斯濯缨，浊斯濯足矣。自取之也。'夫人必自侮，然后人侮之；家必自毁，而后人毁之；国必自伐，而后人伐之。《太甲》曰：'天作孽，犹可违；自作孽，不可活。'此之谓也。"

① 菑：同"灾"。　② 沧浪：一说水名，汉水支流。　③ 濯（zhuó）：洗。缨：系帽子的丝带。

2. 善战者服上刑

孟子曰："求也为季氏宰[①]，无能改于其德，而赋粟[②]倍他日。孔子曰：'求非我徒也，小子鸣鼓而攻之可也。'由此观之，君不行仁政而富之，皆弃于孔子者也，况于为之强战？争地以战，杀人盈野；争城以战，杀人盈城，此所谓率土地而食人肉，罪不容于死。故善战者服上刑，连诸侯者次之，辟草莱、任土地[③]者次之。"

① 求：姓冉名求，字子有。孔子的弟子。季氏：指当时执掌鲁国大权的季孙氏。宰：大夫的家臣。
② 赋粟：征收田赋。　③ 辟草莱、任土地：开垦荒地，分土授民。

趣读

师旷巧谏晋平公

鲁昭公八年春，晋地魏榆有人传言，当地一块石头竟开口说话了。

晋平公向师旷询问说："石头怎么可能开口说话？"师旷回答说："石头并不能开口说话，可能是其他东西凭附在上面了。不然的话，就是百姓听错了。不过下臣又听说：'做事不合时宜，激起民众的怨恨诽谤，便有不会说话的物体开口说话。'现在宫殿高大奢侈，人民财力耗尽，怨声载道，不能确保自己的基本生活，石头开口说话，不也是很自然的吗？"

当时晋平公正在兴建高大的虒（sī）祁宫。叔向说："师旷的话真是君子之言啊！君子的话，诚实而有根据，所以怨言远离其身。小人的话，虚假而没有根据，所以怨言灾祸降临其身。《诗经·小雅·雨无正》说：'不会说话多可悲。话从舌上出来，只能劳累他自己。会说话可真好，漂亮的话如流水，又会使他安居休息。'说的就是这种情况吧！这座宫殿建成，诸侯必定背叛晋国，国君一定会有灾祸，师旷已经预见到了。"

第11课　《万章》选读（一）

点拨

《孟子·万章》篇幅较小、引人入胜。原因是孟子与万章师生二人，问答犀利，又充满禅机，其中有些内容更是数千年来炎黄子孙心中的疑问。本课从《万章》上、下两篇中各选取了一个精彩片段。

1. 或谓孔子于卫主痈疽

万章问曰："或谓孔子于卫主痈疽①，于齐主侍人②瘠环，有诸乎？"

孟子曰："否，不然也；好事者为之也。于卫主颜雠由③。弥子之妻与子路之妻，兄弟也。弥子④谓子路曰：'孔子主我，卫卿可得也。'子路以告。孔子曰：'有命。'孔子进以礼，退以义，得之不得曰'有命'。而主痈疽与侍人瘠环，是无义无命也。孔子不悦于鲁卫，遭宋桓司马将要而杀之⑤，微服⑥而过宋。是时孔子当厄，主司城贞子⑦，为陈侯周⑧臣。吾闻观近臣，以其所为主；观远臣，以其所主。若孔子主痈疽与侍人瘠环，何以为孔子？"

---

① 主：以……为主人，相当于"住……家里"。痈疽（yōng jū）：人名，卫灵公宠幸的宦官。
② 侍人：即宦官。　③ 颜雠（chóu）由：人名，卫国的贤大夫。　④ 弥子：即卫灵公的宠臣弥子瑕。
⑤ "遭宋桓司马"句：《史记·孔子世家》云："孔子去曹适宋，与弟子习礼大树下。宋司马桓魋欲杀孔子，拔其树。孔子去。"要（yāo）：拦截。
⑥ 微服：指改变常服而避人注意。　⑦ 司城贞子：陈国人。　⑧ 陈侯周：陈怀公子，名周。

2. 齐宣王问卿

齐宣王问卿。孟子曰："王何卿之问也？"王曰："卿不同乎？"曰："不同。有贵戚之卿[1]，有异姓之卿。"王曰："请问贵戚之卿。"曰："君有大过[2]则谏，反覆之而不听，则易位[3]。"王勃然变乎色。

曰："王勿异也。王问臣，臣不敢不以正对[4]。"王色定，然后请问异姓之卿。曰："君有过则谏，反覆之而不听，则去。"

---

① 贵戚之卿：此与"异姓之卿"对文，当指同姓之卿。所谓同姓，即王室的成员。
② 大过：指足以使国家遭受重大危险或损失的过错。 ③ 易位：易君之位，更立亲戚之贤者。
④ 正对：直言相告。

趣读

田饶侍鲁哀公

田饶在鲁哀公身边做事，可是不被哀公理解看重。一天，他对哀公说："小臣将要离开君王，像鸿雁那样远走高飞了。"哀公说："你说这话是什么意思？"

田饶说："君王难道没见过那雄鸡吗？它头上戴着红冠，是那样文雅；脚上长着尖爪，是那样威武；劲敌在前它敢于搏斗，是那样勇猛；发现了食物就呼唤同伴一同享用，是那样仁爱；守夜报时从不失误，是那样诚信。雄鸡虽然具备这五种长处，可是君王还是叫人炖成汤吃掉。这是为什么呢？因为它们就在君王身边啊。那鸿雁就不同了：它们一飞千里，时而停歇在君王花园的池子里，时而吞食君王的鱼鳖，时而啄食君王的豆谷，它们没有雄鸡的五种长处，而君王还是珍视它们，这是因为它们距离君王远啊。所以我要像鸿雁那样高飞远走了。"

于是田饶离开鲁国前往燕国。燕国任用田饶担任相国。三年之后，燕国的政事十分安定，没有盗贼作乱。鲁哀公听到这个消息，慨然叹息，竟为此事而独居了三个月，并降低了衣食标准，以表示自责。他说："因为以前的不慎重，而带来后面的悔恨，上哪里再能得到田饶这样的贤臣啊！"

第12课 《万章》选读（二）

点拨

古代圣贤共同的特点是道德高尚，足为后世君子楷模。但不同的圣贤有着各自独特的人格特征，孰是孰非，战国诸子辩论不休，各执一词。本课选自《孟子·万章》下第一章，孟子选取伯夷、伊尹、柳下惠等圣贤进行了分析，突出了孔子之圣“集大成”的伟大人格。

孟子评圣

孟子曰：“伯夷，目不视恶色，耳不听恶声。非其君不事，非其民不使。治则进，乱则退。横政①之所出，横民之所止，不忍居也。思与乡人处，如以朝衣朝冠坐于涂炭也。当纣之时，居北海之滨，以待天下之清也。故闻伯夷之风者，顽夫②廉，懦夫有立志。

“伊尹曰：‘何事非君？何使非民？’治亦进，乱亦进，曰：‘天之生斯民也，使先知觉后知，使先觉觉后觉。予，天民之先觉者也。予将以此道觉此民也。’思天下之民匹夫匹妇有不与被尧、舜之泽者，若己推而内之沟中——其自任以天下之重也。

“柳下惠不羞污君，不辞小官。进不隐贤，必以其道。遗佚而不怨，厄穷而不悯。与乡人处，由由然不忍去也。‘尔为尔，我为我，虽袒裼裸裎③于我侧，尔焉能浼④我哉？’故闻柳下惠之风者，鄙⑤夫宽，薄⑥夫敦。

“孔子之去齐，接淅⑦而行。去鲁，曰：‘迟迟吾行也，去父母国之道也。’可以速而速，可以久而久，可以处而处，可以仕而仕，孔子也。”

孟子曰：“伯夷，圣之清者也；伊尹，圣之任者也；柳下惠，圣之和者也；孔子，圣之时者也。孔子之谓集大成。集大成也者，金声而玉振之也。金声也者，始条理也；玉振之也者，终条理也。始条理者，智之事也；终条理者，圣之事也。智，譬则巧也；圣，譬则力也。由射于百步之外也，其至，尔力也；其中，非尔力也。”

---

① 横政：指不循法度。下文的“乡民”亦指不循法度的“横民”。　② 顽夫：顽贪之夫。
③ 袒裼裸裎（dǎn xī luǒ chéng）：赤身裸体的意思。　④ 浼（měi）：污染。
⑤ 鄙：犹今言吝啬。　⑥ 薄：与“敦”对文，犹今言刻薄。
⑦ 接淅：渍（zì）米将炊，而想迅速离去，所以以手承水取米而行，来不及做饭。

趣读

先圣柳下惠

柳下惠，名展获，字子禽。鲁国柳下邑，今山东平阴展洼人，因死后谥“惠”，故称柳下惠。《论语·微子》载，柳下惠做狱官，三次被罢免。有人对他说：“您不可以离开吗？”柳下惠回答道：“若用正直之道来侍奉人，到哪里不会被再三罢免呢？如用邪曲之道侍奉人，又何必要离开父母之邦呢？”

鲁僖公二十六年（公元前631年）夏，齐孝公出兵讨伐鲁国，鲁国大夫臧文仲问柳下惠，如何措辞。柳下惠说：“大国做小国的榜样，小国正确地侍奉大国，就不会乱。如果小国妄自尊大，触怒大国，那是咎由自取。”柳下惠的观点是正确的，大国欺负小国，大国在道义上就输掉了。小国不知自保，招惹是非，就是自取其辱。随后展禽（即“柳下惠”）派乙喜（即柳下惠的弟弟“展喜”）前往齐国军前犒（kào）师，就是充当说（shuì）客。展喜用齐鲁结盟、世代友好的历史事实，说服齐国退兵，化干戈为玉帛。他们兄弟俩为保卫鲁国家园立下了巨大功劳。

孔子对柳下惠赞赏有加，认为柳下惠“降志辱身”是为了为官造福百姓；他的言论符合人伦之道，他的行为符合中庸之道。孔子还为柳下惠不被推荐而指责鲁国执政大臣说：“臧文仲大概是个窃据官位的人吧？明知柳下惠有才能却不举荐他跟自己一起做官。”

第13课 《告子》选读

点拨

《告子》在《孟子》书中分上、下两篇。孟子与告子都是战国时人，孟子持性善论，告子持不善不恶说。《告子》篇以两人的论辩开头，集中阐述了孟子关于人性、道德及其相关理论。

1. 性犹湍水也

告子曰："性犹湍水[①]也，决诸东方则东流，决诸西方则西流。人性之无分于善不善也，犹水之无分于东西也。"

孟子曰："水信无分于东西。无分于上下乎？人性之善也，犹水之就下也。人无有不善，水无有不下。今夫水，搏[②]而跃之，可使过颡[③]；激[④]而行之，可使在山。是岂水之性哉？其势则然也。人之可使为不善，其性亦犹是也。"

---

① 湍水：急流的水。　② 搏：拍击。
③ 颡（sǎng）：额头。　④ 激：堵住水流使之水位提高。

2. 孟子论性善与仁义礼智

公都子曰："告子曰：'性无善无不善也。'或曰：'性可以为善，可以为不善。是故文、武①兴，则民好善；幽、厉②兴，则民好暴。'或曰：'有性善，有性不善。是故以尧为君而有象，以瞽瞍为父而有舜；以纣为兄之子且以为君，而有微子启、王子比干③。'今曰'性善'，然则彼皆非欤？"

孟子曰："乃若④其情，则可以为善矣，乃所谓善也。若夫为不善，非才之罪也。恻隐之心，人皆有之；羞恶之心，人皆有之；恭敬之心，人皆有之；是非之心，人皆有之。恻隐之心，仁也；羞恶之心，义也；恭敬之心，礼也；是非之心，智也。仁义礼智，非由外铄⑤我也，我固有之也，弗思耳矣。故曰：'求则得之，舍则失之。'或相倍蓰而无算者，不能尽其才者也。《诗》曰：'天生蒸民，有物有则。民之秉彝，好是懿德。'⑥孔子曰：'为此诗者，其知道乎！故有物必有则；民之秉彝也，故好是懿⑦德。'"

---

① 文、武：即周文王、周武王，是周代的两个圣王。

② 幽、厉：即周幽王、周厉王，是周代的两个暴君。

③ 微子启：商纣王庶兄，名启。曾屡次劝谏商纣王。周灭商后，称臣于周，后被封于宋，为宋国始祖。王子比干：商纣王的叔父，因屡次劝谏商纣王，被剖心而死。

④ 乃若：至于。　⑤ 铄（shuò）：指自外而加的美饰。

⑥ "天生蒸民，有物有则"句：出自《诗经·大雅·烝民》。全句意思是：上天生养万民，事物都有法则。百姓把握常规，喜爱美好品德。

⑦ 懿：美。

趣读

孟子与弟子谈君子与小人

公都子问孟子：“同样是人，有人是君子，有人是小人。这是为什么呢？”

孟子回答道：“顺应身体重要器官需要的就是君子，顺应身体次要器官需要的就是小人。”

公都子不解地继续问：“同样是人，有人顺应重要器官的需要，有人顺应次要器官的需要。这又是为什么呢？”

孟子进一步解释道：“耳朵、眼睛这类器官不会思考，容易被外物所蒙蔽，便容易受到诱惑。心的功能在于思考，思考了就会有所得，所以心是重要器官。如果一个人能先把心这个重要器官树立起来的话，那些次要器官就不能夺走人心中的善。这样的人就成为君子了。”

第14课　《尽心》选读

点拨

《尽心》是《孟子》的完结篇，是孟子在讲完外用之道以后，讲传心的心法，故尤为重要。全篇以“尽心”点题，以“修身立命”总领全篇，阐述了“仁民爱物”“民贵君轻”“乡愿德贼”等一系列在孟子思想中占有重要地位的概念和内涵。

1. 孔子登泰山而小天下

孟子曰：“孔子登东山①而小鲁，登泰山而小天下，故观于海者难为水，游于圣人之门者难为言。观水有术，必观其澜。日月有明，容光②必照焉。流水之为物也，不盈科不行；君子之志于道也，不成章③不达。”

① 东山：山东蒙阴县南的蒙山。　② 容光：缝隙。
③ 成章：古称乐曲终结为一章，此指事物达到一定阶段，犹孔子所言“斐然成章”。

2. 君子居是国也

公孙丑曰：“《诗》曰：‘不素餐兮①。’君子之不耕而食，何也？”

孟子曰：“君子居是国也，其君用之，则安富尊荣；其子弟从之，则孝悌忠信。‘不素餐兮’，孰大于是？”

① 不素餐兮：引自《诗经·魏风·伐檀》。素餐：无功食禄。

3. 民为贵，社稷次之

孟子曰："民为贵，社稷次之，君为轻。是故得乎丘民[①]而为天子，得乎天子为诸侯，得乎诸侯为大夫。诸侯危社稷，则变置。牺牲[②]既成，粢盛既絜[③]，祭祀以时，然而旱干水溢，则变置社稷。"

---

① 丘民：泛指百姓。 ② 牺牲：供祭祀用的纯色牲畜。
③ 粢盛（zī chéng）：古代盛在祭器里的供祭祀的谷物。絜：通"洁"。

趣读

孟子论乡愿

万章是孟子的学生，他遵照孟子的教导精心研读《论语》。当他读到子曰："乡愿，德之贼也"的章句时，感到"乡愿"既然乡人不恶都说好，怎么孔子称"贼"呢？他于是急忙来见孟子，问道："全乡的人都说他是老好人，他也到处表现出是一个老好人，孔子竟看他为贼害道德的人，为什么呢？"

孟子对万章解释道："这种人，要指摘他，却又举不出什么大错误来；要责骂他，却也无可责骂的，他只是同流合污，为人好像忠诚老实，行为好像方正清洁，大家也都喜欢他，他自己也以为正确，但是与尧舜之道完全违背，所以说他是贼害道德的人。孔子说过，厌恶那种外貌相似、内容全非的东西：厌恶狗尾草，因为怕它把禾苗搞乱了；厌恶不正当的才智，因为怕它把义搞乱了；厌恶夸夸其谈，因为怕它把信实搞乱了；厌恶郑国的乐曲，因为怕它把雅乐搞乱了；厌恶紫色，因为怕它把大红色搞乱了；厌恶好好先生，因为怕它把道德搞乱了。君子使一切事物回到正道便行了。正道不被歪曲，老百姓就会兴奋积极；老百姓兴奋积极，就没有邪恶了。"

第3单元　《礼记》选读

导　读

汉代把孔子定的典籍称为“经”，弟子对“经”的解说是“传”或“记”，《礼记》因此得名，即对“礼”的解释。到西汉前期《礼记》共有一百三十一篇。相传戴德选编其中八十五篇，称为《大戴礼记》；戴圣选编其中四十九篇，称为《小戴礼记》。东汉后期大戴本不流行，以小戴本专称《礼记》。书中广泛论说礼义、阐释制度、宣扬儒家理想的内容。本册主要对《礼记》中的《学记》《乐记》两篇内容进行选读。

第15课 《学记》选读

点拨

《学记》是古代中国典章制度专著《礼记》中的一篇教育论文，是中国古代也是世界上最早的一篇专门论述教育和教学问题的论文。《学记》文字言简意赅，喻辞生动，系统而全面地阐明了教育的目的及作用，教育和教学的制度、原则和方法，教师的地位和作用，教育过程中的师生关系以及同学之间的关系，比较系统和全面地总结了先秦中国的教育经验。

1. 发虑宪[①]，求善良，足以谀闻[②]，不足以动众。就贤体远，足以动众，未足以化民。君子如欲化民成俗，其必由学乎！

① 虑宪：思虑，思考。　② 谀（xiǎo）：小。闻（wèn）：声誉，名声。

2. 玉不琢，不成器；人不学，不知道。是故古之王者建国君民，教学为先。《兑命》[①]曰："念终始，典[②]于学。"其此之谓乎！

①《兑（yuè）命》：即《说命》，《尚书》的篇名。　② 典：经常。

3. 虽有嘉肴，弗食，不知其旨[①]也；虽有至道，弗学，不知其善也。是故学然后知不足，教然后知困。知不足，然后能自反也；知困，然后能自强也。故曰：教学相长也。《兑命》曰："学[②]学半。"其此之谓乎。

① 旨：味美。　② 学：同"斅"（xiào），教。

4. 学者有四失，教者必知之。人之学也，或失则多，或失则寡，或失则易，或失则止[1]。此四者，心之莫同也。知其心，然后能救其失也。教也者，长善而救其失者也。

① 止：指尚未知晓通透道理，却不肯请教询问，以为自己所想的就是结论。

5. 凡学之道，严[1]师为难。师严然后道尊，道尊然后民知敬学。是故君之所不臣于其臣者二：当其为尸[2]，则弗臣也；当其为师，则弗臣也。大学之礼，虽诏[3]于天子，无北面，所以尊师也。

① 严：尊敬。 ② 尸：古代祭祀时代死者受祭的人。 ③ 诏：教。

趣读

江郎才尽

南朝的江淹，字文通，他年轻的时候，家里很穷，无钱读书，连纸和笔都买不起。但是他刻苦发奋，十分用功。后来，功成名就，成为一个鼎鼎有名的文学家，他的诗和文章在当时获得极高的评价。

可是，当他年纪渐渐大了以后，就骄傲自满，再也不肯读书了。他的文章不但没有以前写得好了，而且退步不少。他的诗写出来平淡无奇，而且提笔吟握好久，依旧写不出一个字来；偶尔灵感来了，诗写出来了，但文句枯涩，内容平淡得一无可取。

于是就有人传说，有一次江淹乘船停在禅灵寺的河边，梦见一个自称张景阳的人，向他讨还一匹绸缎，他就从怀中掏出几尺绸缎还他。因此，他的文章以后便不精彩了。又有人传说，有一次江淹在冶亭中睡午觉，梦见一个自称郭璞的人，走到他的身边，向他索笔，对他说："文通兄，我有一支笔在你那儿已经很久了，现在应该可以还给我了吧！" 江淹听了，就顺手从怀里取出一支五色笔来还他。

其实满足于功成名就的现状和在文学上不思进取，才是江郎才尽的主要原因。

第16课 《乐记》选读

点拨

《乐记》是我国最早的具有比较完整体系的音乐理论著作，它总结了先秦时期儒家的音乐美学思想，为《礼记》第十九篇。其丰富的美学思想，对两千多年来中国古典音乐的发展有着深刻的影响，并在世界音乐思想史上占有重要的地位。

1. 凡音[①]之起，由人心生也。人心之动，物使之然也。感于物而动，故形于声。声相应，故生变。变成方[②]，谓之音。比音而乐之，及干戚羽旄[③]谓之乐。

① 音：曲调，歌曲。 ② 方：指规律、规则。
③ 干戚羽旄：跳舞时所持的四种舞具。干：盾。戚：斧形的器具。羽：雉羽。旄（máo）：旄牛尾。

2. 乐者，音之所由生也，其本在人心之感于物也。是故其哀心感者，其声噍以杀[①]；其乐心感者，其声啴以缓[②]；其喜心感者，其声发[③]以散；其怒心感者，其声粗以厉；其敬心感者，其声直以廉；其爱心感者，其声和以柔。六者，非性也，感于物而后动。

① 噍（jiāo）：急促。杀（shài）：衰微。 ② 啴（chǎn）：宽舒。 ③ 发：扬。

3. 宫为君，商为臣，角为民，徵为事，羽为物[①]，五者不乱，则无怗懘[②]之音矣。

① 宫、商、角、徵（zhǐ）、羽：我国古代五声音阶的五个音级。 ② 怗懘（zhān chì）：败坏，不和谐。

4. 乐由中出[①]，礼自外作。乐由中出，故静；礼自外作，故文[②]。大乐必易，大礼必简。乐至则无怨，礼至则不争。揖让而治天下者，礼乐之谓也。

① 中：内心。出：产生。 ② 文：文采，指仪式。

5. 乐者，天地之和也。礼者，天地之序也。和，故百物皆化；序，故群物皆别。乐由天作，礼以地制。过制则乱，过作则暴。明于天地，然后能兴礼乐也。

6.《大章》[①]，章之也。《咸池》[②]，备矣。《韶》[③]，继也。《夏》[④]，大也。殷周之乐，尽[⑤]矣。

① 《大章》：尧时的乐名。 ② 《咸池》：黄帝时的乐名。 ③ 《韶》：舜时的乐名。
④ 《夏》：禹时的乐名。 ⑤ 尽：达到极致。

趣读

孔子带弟子学习射箭

孔子观看乡射礼，长叹一声说："射箭时配上礼仪和音乐，射箭的人怎能一边射，一边听？努力修养身心而发出箭，并能射中目标，只有贤德的人才能做到。如果是不肖之人，他怎能射中而罚别人喝酒呢？"

于是回来后和弟子们在矍（jué）相的园圃中学习射箭，观看的人们好像一堵围墙。当射礼行至子路时，孔子让子路手执弓箭出来邀请比射的人，说："败军之将、丧失国土的大夫、求做别人后嗣的人，一律不准入场，其余的人进来。听到这话，人走了一半。孔子又让公罔之裘、序点（二人均为孔子弟子）举起酒杯说："幼年壮年时能孝敬父母，友爱兄弟，到老年还爱好礼仪，不随流俗，修身以待终年的人，请留在这个地方。"结果又走掉一半。序点又举杯说："好学不倦，好礼不变，到老还言行不乱的人，请留在这里。"结果只有几个人留下没走。

射箭结束后，子路走上前对孔子说："我和序点他们做司马，如何？"孔子回答说："可以胜任了。"

史海扬帆

第1单元 《史记》选读

导 读

《史记》作者司马迁，字子长，中国西汉时期著名的史学家、文学家、思想家。他以其“究天人之际，通古今之变，成一家之言”的宗旨，历经十四年坚持不懈，创作了中国第一部纪传体通史《史记》。该书记载了从上古传说中的黄帝时期，到汉武帝元狩元年长达三千多年的历史。《史记》全书包括十二本纪、三十世家、七十列传、十表、八书，共一百三十篇，五十二万余字。其中，“本纪”“世家”“列传”三部分，占全书的大部分篇幅，都是以人物为中心来记载历史的。

《史记》创立了纪传体通史体裁，构建了史传文学传统形式，被鲁迅誉为“史家之绝唱，无韵之离骚”。

第1课 《五帝本纪》选读（一）

点拨

本课选自《史记·五帝本纪》。《五帝本纪》记载了黄帝、颛顼（zhuān xū）、帝喾（kù）、唐尧、虞舜五帝的传说功绩。本课着重选择了对黄帝和颛顼的记载。

1.黄 帝

黄帝者，少典之子，姓公孙，名曰轩辕。生而神灵，弱而能言，幼而徇齐，长而敦敏，成而聪明。

轩辕之时，神农氏世衰。诸侯相侵伐，暴虐百姓，而神农氏弗能征。于是轩辕乃习用干戈，以征不享，诸侯咸来宾从。而蚩（chī）尤最为暴，莫能伐。炎帝欲侵陵诸侯，诸侯咸归轩辕。轩辕乃修德振兵，治五气，蓺（yì）五种，抚万民，度四方，教熊罴貔貅貙（pí pí xiū chū）虎，以与炎帝战于阪（bǎn）泉之野。三战，然后得其志。蚩尤作乱，不用帝命。于是黄帝乃征师诸侯，与蚩尤战于涿（zhuó）鹿之野，遂禽杀蚩尤。而诸侯咸尊轩辕为天子，代神农氏，是为黄帝。

译文

黄帝是少典氏的后代，姓公孙，名轩辕。轩辕刚生下来就显出与众不同的灵异，几个月就会说话，三五岁就表现出思维敏捷，少年时代敦厚勤勉，成年以后智慧好学。

轩辕时代，神农氏的统治逐渐衰弱。诸侯之间互相攻打，祸害百姓，而神农氏无力征讨。于是轩辕训练军队、动用武力去讨伐那些不守规矩、不来朝拜神农氏的诸侯，因而诸侯们都对他表示臣服与追随。作乱的诸侯中蚩尤最凶暴，都不能够制服他。炎帝图谋欺凌他人，因此诸侯们都拥护轩辕。于是轩辕修行德业，整顿军旅，研究四时节气变化，种植五谷，安抚民众，丈量四方的土地，训练熊、罴、貔、貅、貙、虎等猛兽，跟炎帝在阪泉的郊野交战。黄帝联合诸侯军队与炎帝先后打了三仗，才征服炎帝，如愿得胜。蚩尤发动叛乱，不听从黄帝的命令。于是黄帝征调诸侯的军队，在涿鹿郊野与蚩尤作战，终于擒获并杀死了他。这样，诸侯都尊奉轩辕做天子，取代了神农氏，这就是黄帝。

2. 帝颛顼

帝颛顼（zhuān xū）高阳者，黄帝之孙而昌意之子也。静渊以有谋，疏通而知事；养材以任地，载时以象天，依鬼神以制义，治气以教化，絜（jié）诚以祭祀。北至于幽陵，南至于交阯（zhǐ），西至于流沙，东至于蟠（pán）木。动静之物，大小之神，日月所照，莫不砥（dǐ）属。

译文

颛顼帝高阳，是黄帝的孙子、昌意的儿子。他沉静稳练而有计谋，通达而知事理；他养殖各种庄稼牲畜以充分利用地力，推算四时节令以顺应自然，遵照祖宗神灵的旨意制定礼义，理顺四时五行之气以教化万民，使人们洁净身心以祭祀鬼神。他往北到过幽陵，往南到过交阯，往西到过流沙，往东到过蟠木。各种动物植物，大神小神，凡是日月照临的地方，无不对他尊敬臣服。

第2课 《五帝本纪》选读（二）

点拨

本课选自《史记·五帝本纪》。帝喾是黄帝的曾孙，帝喾前承炎黄，后启尧、舜，奠定华夏根基。而尧开启的禅让制尤为历代圣贤所颂扬。

1.帝 喾

帝喾（kù）高辛者，黄帝之曾孙也。高辛父曰峤极，峤极父曰玄嚣（xiāo），玄嚣父曰黄帝。自玄嚣与峤极皆不得在位，至高辛即帝位。高辛于颛顼为族子。高辛生而神灵，自言其名。普施利物，不于其身。聪以知远，明以察微。顺天之义，知民之急。仁而威，惠而信，修身而天下服。取地之财而节用之，抚教万民而利诲之，历日月而迎送之，明鬼神而敬事之。其色郁郁，其德嶷（nì）嶷。其动也时，其服也士。帝喾溉执中而遍天下，日月所照，风雨所至，莫不从服。

译文

帝喾高辛是黄帝的曾孙。高辛的父亲是峤极，峤极的父亲是玄嚣，玄嚣的父亲是黄帝。玄嚣和峤极都没有当政，到高辛才即帝位。高辛是颛顼的堂侄。高辛一生下来就聪慧灵气，能说出自己的名字。他专门利人，毫不利己。他的聪明才智使他能知晓未来之事，能明察细微的征兆。他顺从天意，体察民急，仁爱而有威严，施恩泽而讲信义，自律甚严而天下服从。他懂得按照节气使用大地所生的材物，能不失时机地教导人们生产与生活，能定出节气并按时举行迎送之礼，能区分哪些鬼神应该祭祀，并虔敬地祭祀它们。高辛待人态度温和，自身道德崇高。他的行为举止都符合时宜，身穿一般士人的服装，从不豪华奢侈。他治理天下有如用水浇田，实行一种中正公平、不偏不倚的政策，从而使日月所照、风雨能到的地方，没有诸侯对他不臣服。

2. 帝尧与舜

帝尧者，放勋（xūn）。其仁如天，其知（zhì）如神。就之如日，望之如云。富而不骄，贵而不舒。黄收纯衣，彤车乘白马。能明驯德，以亲九族。九族既睦，便章百姓。百姓昭明，合和万国。

…………

尧曰："嗟！四岳：朕在位七十载，汝能庸命，践朕位？"岳应曰："鄙德忝（tiǎn）帝位。"尧曰："悉举贵戚及疏远隐匿者。"众皆言于尧曰："有矜（guān）在民间，曰虞舜。"尧曰："然，朕闻之。其何如？"岳曰："盲者子。父顽，母嚚（yín），弟傲，能和以孝，烝烝治，不至奸。"

尧曰："吾其试哉。"于是尧妻之二女，观其德于二女。舜饬（chì）下二女于妫汭（guī ruì），如妇礼。尧善之，乃使舜慎和五典，五典能从。乃遍入百官，百官时序。宾于四门，四门穆穆，诸侯远方宾客皆敬。尧使舜入山林川泽，暴风雷雨，舜行不迷。尧以为圣，召舜曰："女谋事至而言可绩，三年矣。女登帝位。"舜让于德不怿（yì）。正月上日，舜受终于文祖。文祖者，尧大祖也。

译文

帝尧，名放勋。他仁德如天，智慧如神。人们对他的倾心归附，如同葵花向阳，人们对他的企盼，有如大旱之望云雨。他富有却不骄傲，尊贵却不放纵。他戴的是黄色的帽子，穿的是黑色衣裳，坐着红色的车子，拉车的马都是白色的。他能尊敬有善德的人，使同族九代相亲相爱。同族的人既已和睦，又去考察百官。百官政绩昭著，各方诸侯邦国都能和睦相处。

…………

尧说："喂！你们四方诸侯之长：我在位已经七十年了，你们谁能顺应天命，接替我的帝位？"四方诸侯之长回答说："我们的德行鄙陋得很，不敢玷污帝位。"尧说："那就从所有在朝的亲贵或被疏远的隐士当中推举吧。"大家都对尧说："民间有一个单身，叫虞舜。"尧说："对，我听说过，他这个人怎么样？"四方诸侯之长回答说："他是个盲人的儿子。他的父亲不讲德义，母亲不讲忠信，弟弟傲慢，而舜却能与他们和睦相处，尽孝悌之道，把家治理好，使他们不至于走向邪恶。"

尧说："那我就试试他吧。"于是尧把两个女儿嫁给他，从两个女儿身上观察他的德行。舜让她们降下尊贵之心住到妫（guī）河边的家中去，遵守为妇之道。尧认为这样做很好，就让舜试任司徒之职，谨慎地理顺父义、母慈、兄友、弟恭、子孝这五种伦理道德，人民都遵从不违。尧又让他参与百官的事，百官的事因此变得有条不紊。让他主管外交，接待四方宾客，则处处和睦，从远方来的诸侯宾客都恭恭敬敬。尧又派舜进入山野丛林、大川草泽，遇上暴风雷雨，舜也没有迷路误事。尧便认为他十分圣明，便把他召来说道："三年来，你做事周密，说了的话就能做到。现在你就登临天子位吧。"舜推让说自己的德行还不够，不愿接受帝位。正月初一，舜在文祖庙接受了尧的禅让。文祖，就是尧的太祖。

第3课 《夏本纪》选读

点拨

本课选自《史记·夏本纪》。夏禹治理滔天洪水，三过家门而不入，继承父业，创新治水策略大获成功。他是远古时代与尧、舜齐名的贤圣帝王，美名曰“大禹”。

夏禹，名曰文命。禹之父曰鲧（gǔn），鲧之父曰帝颛顼，颛顼之父曰昌意，昌意之父曰黄帝。禹者，黄帝之玄孙而帝颛顼之孙也。禹之曾大父昌意及父鲧皆不得在帝位，为人臣。

当帝尧之时，鸿水滔天，浩浩怀山襄陵，下民其忧。尧求能治水者，群臣四岳皆曰鲧可。尧曰：“鲧为人负命毁族，不可。”四岳曰：“等之未有贤于鲧者，愿帝试之。”于是尧听四岳，用鲧治水。九年而水不息，功用不成。于是帝尧乃求人，更得舜。舜登用，摄行天子之政，巡狩。行视鲧之治水无状，乃殛（jí）鲧于羽山以死。天下皆以舜之诛为是。于是舜举鲧子禹，而使续鲧之业。

…………

禹为人敏给克勤；其德不违，其仁可亲，其言可信；声为律，身为度，称以出；亹（wěi）亹穆穆，为纲为纪。

…………

帝舜荐禹于天，为嗣。十七年而帝舜崩。三年丧毕，禹辞辟舜之子商均于阳城。天下诸侯皆去商均而朝禹。禹于是遂即天子位，南面朝天下，国号曰夏后，姓姒（sì）氏。

译文

夏禹，名文命。他的父亲叫鲧，鲧的父亲叫颛顼，颛顼的父亲叫昌意，昌意的父亲叫黄帝。禹就是黄帝的玄孙和颛顼的孙子。只有禹的曾祖父昌意和父亲鲧都不曾登过帝位，而是做臣子。

在帝尧统治的时候，滔滔的洪水，浩浩荡荡地包围了山岳，漫没了丘陵，老百姓陷在愁苦中。尧急着要找到能治水的人，群臣、四岳都说鲧可以。尧说："鲧是个违背上命、败坏同族的人，不可用。"四岳说："这一辈人员中没有比鲧更能干的了，希望陛下试试。"于是尧采纳了四岳的意见，用鲧治水。鲧治理九年，洪水之患没有平息，治水无功。于是帝尧就再设法寻求人才，意外得到了舜。舜被提拔重用，代理执行天子的职务，按时巡行视察各地诸侯所守的疆土。于巡行中发现鲧治水没有功绩，就在羽山将鲧处死了。天下的人都认为舜处理得当。这时舜选拔了鲧的儿子禹，任命他继续从事鲧的治水事业。

…………

禹为人敏捷勤劳；从不违背道德规范，仁爱可亲，言语可信；禹的声音合乎音律，行动举止成为法度，以他为标准制定出权衡。他勤勉恭敬，成为天下人的楷模。

…………

帝舜向上天推荐禹，让他当天子的继承人。十七年后帝舜去世。三年的丧礼结束，禹为了辞让帝位给舜的儿子商均，躲避到阳城。天下诸侯都离开商均而去朝拜禹。禹于是即天子之位，坐北向南接受天下的朝拜，国号为夏后，姓姒氏。

第4课　《殷本纪》选读

点拨

本课选自《史记·殷本纪》。“天命玄鸟，降而生商”，古老的殷朝，是中华文明的起源地。以殷商时期古老的甲骨文为起源的汉字，传承着中华数千年的文明。

殷契（xiè），母曰简狄，有娀（sōng）氏之女，为帝喾（kù）次妃。三人行浴，见玄鸟堕其卵，简狄取吞之，因孕生契。契长而佐禹治水有功。帝舜乃命契曰：“百姓不亲，五品不训，汝为司徒而敬敷五教，五教在宽。”封于商，赐姓子氏。契兴于唐、虞、大禹之际，功业著于百姓，百姓以平。

译文

殷的始祖是契，他的母亲叫简狄，是有娀氏的女儿，帝喾的次妃。简狄等三个人到河里沐浴，看见燕子生下一枚蛋，简狄就拣来吞吃了，因而怀孕生下了契。契长大成人后，帮助禹治水有功，舜帝于是命令契说：“现在老百姓们不够和睦，父子、君臣、夫妇、长幼、朋友之间五伦关系不顺，你去担任司徒，认真地施行五伦教育，施行五伦教育，要本着宽厚的原则。”契被封在商地，赐姓子氏。契氏在唐尧、虞舜、夏禹的时代兴起，为百姓做了许多事，功业昭著，百姓们因而生活安定。

第5课 《周本纪》选读

点拨

本课选自《史记·周本纪》。周朝祖先古公亶父及其孙西伯继承后稷、公刘的事业，遵照古公、公季的法则笃行仁义，壮大了先祖的功业。

古公亶父（dǎn fǔ）复修后稷、公刘之业，积德行义，国人皆戴之。薰育戎狄攻之，欲得财物，予之。已复攻，欲得地与民。民皆怒，欲战。古公曰："有民立君，将以利之。今戎狄所为攻战，以吾地与民。民之在我，与其在彼何异？民欲以我故战，杀人父子而君之，予不忍为。"乃与私属遂去豳（bīn），度漆、沮（jū），逾梁山，止于岐（qí）下。豳人举国扶老携弱，尽复归古公于岐下。及他旁国闻古公仁，亦多归之。于是古公乃贬戎狄之俗，而营筑城郭室屋，而邑别居之，作五官有司。民皆歌乐之，颂其德。

古公有长子曰太伯，次曰虞仲。太姜生少子季历，季历娶太任，皆贤妇人，生昌，有圣瑞。古公曰："我世当有兴者，其在昌乎？"长子太伯、虞仲知古公欲立季历以传昌，乃二人亡如荆蛮，文身断发，以让季历。古公卒，季历立，是为公季。公季修古公遗道，笃于行义，诸侯顺之。

公季卒，子昌立，是为西伯。西伯曰文王，遵后稷、公刘之业，则古公、公季之法，笃仁，敬老，慈少。礼下贤者，日中不暇食以待士，士以此多归之。伯夷、叔齐在孤竹，闻西伯善养老，盍（hé）往归之。太颠、闳（hóng）夭、散宜生、鬻（yù）子、辛甲大夫之徒皆往归之。

译文

古公亶父恢复后稷、公刘的旧业，积德行义，国都中的人都拥戴他。薰育这支戎狄部族攻打他，想得到财物，他就把财物给他们。过了一阵又来攻打，还想得到土地和人民。人民都很愤怒，想迎战。古公亶父说："人民尊立君长，是求给他们带来利益。现在戎狄之所以来攻打，是为了得到土地和人民。人们归属于我，与归属他们有什么不同？人民想为了拥护我打仗，为了做人君主而牺牲了他们的父亲和孩子，我不忍心这样做。"于是古公亶父带着他的亲近左右离开了豳邑，渡过漆、沮二水，翻过梁山，定居在岐山脚下。豳地的人民举国扶老携幼，全部跟随古公身边来到岐山脚下。周围国家听说古公仁慈，也多来投奔他。从此古公贬斥戎狄的习俗，建造城郭和房屋，分成邑落居住，设立（司徒、司马、司空、司士、司寇）五种官职治理民众。人民都用诗歌赞美他，歌颂他的恩德。

古公有长子叫太伯，次子叫虞仲。太姜生小儿子季历，季历娶太任为妻，太姜、太任都是贤惠的妻子，太任生子昌，有圣明之兆。古公说："我的后代当有成大事者，大概就是昌吧？"长子太伯和虞仲知道古公想立季历，以便将来能传位于昌，所以两人便逃亡到了荆蛮，身刺花纹，剪短头发，而让位给季历。古公去世，季历继位，这就是公季。公季继续推行古公遗留的治国之道，致力于施行仁义，诸侯因此都归顺他。

公季死了，其子昌即位，就是西伯。西伯即文王，他继承后稷、公刘的事业，遵照古公、公季的法则，笃行仁义，尊敬长者，慈爱幼小。由于他能礼贤下士，为了接待士人，每天到中午还顾不上吃早饭，士人纷纷投奔他。伯夷、叔齐在孤竹国，听说西伯善于敬养老人，一起投奔了他。太颠、闳夭、散宜生、鬻子、辛甲大夫等人也去投奔了他。

第6课 《秦本纪》选读

点拨

本文节选自《史记·秦本纪》。秦王嬴政吞灭六国，一统天下。书同文，车同轨，缔造了中央集权制的封建国家，推行了郡县制度。

丞相绾等言："诸侯初破，燕、齐、荆地远，不为置王，毋以填之。请立诸子，唯上幸许。"始皇下其议于群臣，群臣皆以为便。廷尉李斯议曰："周文、武所封子弟同姓甚众，然后属疏远，相攻击如仇雠，诸侯更相诛伐，周天子弗能禁止。今海内赖陛下神灵一统，皆为郡县，诸子功臣以公赋税重赏赐之，甚足易制。天下无异意，则安宁之术也。置诸侯不便。"始皇曰："天下共苦战斗不休，以有侯王。赖宗庙，天下初定，又复立国，是树兵也，而求其宁息，岂不难哉！廷尉议是。"

译文

丞相王绾等人书奏："诸侯国刚被消灭，燕、齐、楚地区偏远，不在那里封王就无法维持统治。请立各皇子为王，恳请您准许。"始皇让群臣讨论，群臣认同。而廷尉李斯则说："周文王、周武王所封子弟及同姓很多，后来关系疏远，互相攻击就像仇敌，诸侯更是互相征伐，周天子也无法制止。如今海内仰赖陛下威灵一统天下，各地都设置了郡县，各子弟功臣都用国家赋税重赏他们，这样做很容易控制。天下人也没意见，这才是使国家安宁之术。封立诸实对国家不利。"始皇说："天下人都苦于争斗不止，就是因为有诸侯王的存在。如今仰赖先祖神灵，刚刚统一天下，又要建立诸侯国，这是埋下战争的种子啊，再想寻求国家安宁，岂不是很困难吗？廷尉的意见正确。"

第7课 《高祖功臣侯者年表》序言

点拨

本文节选自《史记》中的《高祖功臣侯者年表》序言。汉高祖封功臣为侯，但都很快衰微了，主要原因在于列侯子嗣因富贵而骄逸犯法亡国。

太史公曰：古者人臣功有五品，以德立宗庙、定社稷曰勋，以言曰劳，用力曰功，明其等曰伐，积日曰阅。封爵之誓曰："使河如带，泰山若厉，国以永宁，爰及苗裔。"始未尝不欲固其根本，而枝叶稍陵夷衰微也。

余读高祖侯功臣，察其首封所以失之者，曰：异哉所闻！《书》曰"协和万国"，迁于夏商，或数千岁。盖周封八百，幽厉之后见于《春秋》。《尚书》有唐虞之侯伯，历三代千有余载，自全以蕃卫天子，岂非笃于仁义，奉上法哉？汉兴，功臣受封者百有余人。天下初定，故大城名都散亡，户口可得而数者十二三，是以大侯不过万家，小者五六百户。后数世，民咸归乡里，户益息，萧、曹、绛、灌之属或至四万，小侯自倍，富厚如之。子孙骄溢，忘其先，淫嬖。至太初百年之间，见侯五，余皆坐法殒（yǔn）命亡国，秏（hào）矣。罔亦少密焉，然皆身无兢兢于当世之禁云。

居今之世，志古之道，所以自镜也，未必尽同。帝王者各殊礼而异务，要以成功为统纪，岂可绲（gǔn）乎？观所以得尊宠及所以废辱，亦当世得失之林也，何必旧闻？于是谨其终始，表其文，颇有所不尽本末，著其明，疑者阙之。后有君子，欲推而列之，得以览焉。

译文

太史公说，古时人臣的功绩有五等：依靠仁德安定国家的称“勋”；依靠出谋划策安定国家的称“劳”；凭借武力取胜的称“功”；能为国家建立秩序的称“伐”；凭借资历长短的称“阅”。我朝的封爵誓词上讲：“即使黄河细得像衣带，泰山平得像磨刀石了，你们的封国也会永远安宁，并一代一代传给你们的子孙。”朝廷最初不是不想稳固这些诸侯国，但那些功臣的子孙们却渐渐地衰微了。

我读了有关高祖给功臣们封侯的史料，考察了功臣诸侯们初次受封及他们后嗣失掉侯位的因由，感觉真是和我所听到的传闻不一样！《尚书》说：“各个邦国都应协调和睦”，这些国家一直延续到夏、商时代，有的邦国竟经历了几千年。周朝分封了八百个诸侯，经幽王、厉王之后，在《春秋》的记载上还能见得到。《尚书》上记载了唐尧、虞舜时的侯伯，经历夏、商、周三代的千余年，仍然保全着自己的地位而屏卫着天子。这难道还不是因为他们深信仁义，遵奉君主的法令吗？汉朝兴起，受到分封的功臣一百多人。当时天下刚刚安定，以前那些大城名都的人口离散逃亡，可以统计的户口不过原来的十之二三，因此，大侯的封户不过万户，小的只有五六百户。以后几代，民众们都回归故乡了，户口才日益增多起来。萧何，曹参，周勃，灌婴这些人的后裔有的封户达到了四万，小侯的封户也增加了一倍，财产同样增多。于是，这些人的子孙骄傲自满了，忘记了自己祖先创业的艰难，干起了荒淫邪恶的勾当。从开始受封到太初时只有百余年的时间，原来侯爵保持下来的只剩下五家，其余的都因犯法而丧命亡国，一下子就全完了。这里面有国家法网渐渐严密的缘故，然而他们自己也没有小心翼翼地对待当世的禁令啊！

生活在今世，应当记住古代的处世之道，要把它当作镜子来对照自己，但古今做法未必完全一样。帝王各自制定不同礼法，治理的要务也各有侧重，但他们总是以获得成功为目的，岂能完全一样？观察功臣及其子孙为什么受到尊荣恩宠或被废黜羞辱，也是当今政治得失的经验教训，何必非得到古书里找原因。在此，我考察了功臣侯者的始末，把关于他们的文献改列成下表，其中有些没能完全弄清本末之处，暂时空着。以后如果有人想继续推究和说明其中的道理，这个表还是可以参阅的。

第8课 《齐太公世家》选读

点拨

本文节选自《史记·齐太公世家》。传姜子牙七十二岁时在渭水之滨的磻（pán）溪垂钓，遇到了求贤若渴的周文王，被封为“太师”，称“太公望”。姜子牙辅佐武王伐纣建立了周朝，是齐国的缔造者。

太公望吕尚者，东海上人。其先祖尝为四岳，佐禹平水土甚有功。虞夏之际封于吕，或封于申，姓姜氏。夏商之时，申、吕或封枝庶子孙，或为庶人，尚其后苗裔也。本姓姜氏，从其封姓，故曰吕尚。

吕尚盖尝穷困，年老矣，以渔钓奸（gān）周西伯。西伯将出猎，卜之，曰：“所获非龙非彲（chī），非虎非罴；所获霸王之辅。”于是周西伯猎，果遇太公于渭之阳，与语大说，曰：“自吾先君太公曰‘当有圣人适周，周以兴’。子真是邪？吾太公望子久矣。”故号之曰“太公望”，载与俱归，立为师。

或曰，太公博闻，尝事纣。纣无道，去之。游说诸侯，无所遇，而卒西归周西伯。或曰，吕尚处士，隐海滨。周西伯拘羑（yǒu）里，散宜生、闳（hóng）夭素知而招吕尚。吕尚亦曰：“吾闻西伯贤，又善养老，盍（hé）往焉。”三人者为西伯求美女奇物，献之于纣，以赎西伯。西伯得以出，反国。言吕尚所以事周虽异，然要之为文武师。

周西伯昌之脱羑里归，与吕尚阴谋修德以倾商政，其事多兵权与奇计，故后世之言兵及周之阴权皆宗太公为本谋。周西伯政平，及断虞、芮之讼，而诗人称西伯受命曰文王。伐崇、密须、犬夷，大作丰邑。天下三分，其二归周者，太公之谋计居多。

译文

太公望吕尚是东海人。他的先祖曾做四岳之官，辅佐夏禹治理水土有大功。舜、禹时被封在吕，有的被封在申，姓姜。夏、商两代，申、吕有的封给旁支子孙，也有的后代沦为平民，吕尚就是其远代后裔。吕尚本姓姜，后来用其封地之名为姓，所以叫作吕尚。

吕尚曾经穷困，年老时，借钓鱼的机会求见周西伯。西伯在出外狩猎之前，占卜一卦，卦辞说："所得猎物非龙非螭，非虎非熊；所得乃是成就霸王之业的辅臣。"西伯于是出猎，果然在渭河南岸遇到太公，与太公谈论后西伯大喜，说："以前我的先君太公就说'定有圣人来周，周会因此兴旺'。说的就是您吧？我们太公盼望您已经很久了。"因此称吕尚为"太公望"，二人一同乘车而归，尊为太师。

有人说，太公博学多闻，曾为商纣做事。商纣无道，太公就离开了。四处游说列国诸侯，未得知遇之君，最终西行归依周西伯。有人说，吕尚乃一处士，隐居海滨。周西伯被囚禁在羑里时，西伯之臣散宜生、闳夭久闻吕尚之名而召请他。吕尚也说："听说西伯贤德，又一贯尊重关心老年人，何不前往？"这三人为了营救西伯，寻找美女奇宝，献给纣王，以赎取西伯。西伯因此得以被释，返回周国。虽然吕尚归周的传说各异，但关键的是人们都认为他是文王武王之师。

周西伯姬昌得释脱离羑里回到周国，与吕尚暗中策划修养德行以推翻商朝统治，其中的事情大多是用兵的谋略与奇计，所以后世谈论用兵与周朝的阴谋权术，都推崇太公是最早的谋划者。周西伯政治安定，等他裁决虞、芮两国的争端时，诗人称道西伯接受天命，号为文王。讨伐崇、密须、犬夷，大规模地兴建丰邑。天下三分，其中二分归周所有，大多出于太公的计策。

第9课 《鲁周公世家》选读

点拨

本文节选自《史记·鲁周公世家》。周公旦是周武王的弟弟，伐纣灭商中立下了赫赫功劳。他一沐三捉发，一饭三吐哺，辅佐武王建立周朝，辅佐成王成就大业。

周公旦者，周武王弟也。自文王在时，旦为子孝，笃仁，异于群子。及武王即位，旦常辅翼武王，用事居多。武王九年，东伐至盟津，周公辅行。十一年，伐纣，至牧野，周公佐武王，作《牧誓》。破殷，入商宫。已杀纣，周公把大钺，召公把小钺，以夹武王，衅社，告纣之罪于天，及殷民。释箕子之囚。封纣子武庚禄父，使管叔、蔡叔傅之，以续殷祀。遍封功臣同姓戚者。封周公旦于少昊之虚曲阜，是为鲁公。周公不就封，留佐武王。

…………

其后武王既崩，成王少，在强葆（qiǎng bǎo，通“襁褓”）之中。周公恐天下闻武王崩而畔，周公乃践阼（zuò）代成王摄行政当国。管叔及其群弟流言于国曰：“周公将不利于成王。”周公乃告太公望、召公奭（shì）曰：“我之所以弗辟而摄行政者，恐天下畔周，无以告我先王太王、王季、文王。三王之忧劳天下久矣，于今而后成。武王蚤（zǎo，通“早”）终，成王少，将以成周，我所以为之若此。”于是卒相成王，而使其子伯禽代就封于鲁。周公戒伯禽曰："我文王之子，武王之弟，成王之叔父，我于天下亦不贱矣。然我一沐三捉发，一饭三吐哺，起以待士，犹恐失天下之贤人。子之鲁，慎无以国骄人。"

译文

周公旦，是周武王的弟弟。文王在世时，旦作为儿子非常孝顺，忠厚仁爱，胜过其他兄弟。到武王即位，旦经常佐助辅弼武王，处理很多政务。武王九年，亲自东征至盟津，周公随军辅助。十一年，讨伐殷纣，军至牧野，周公佐助武王，发布了动员战斗的《牧誓》。周军攻破殷都，进入殷王宫。杀殷纣以后，周公手持大钺，召公手持小钺，左右夹辅武王，举行衅社之礼，向上天与殷民宣布纣之罪状。把箕子从临禁中释放出来。封纣子武庚禄父为诸侯，命管叔、蔡叔辅助他，让他继续主持殷之祭祀。遍封功臣、同姓及亲戚。封周公于少昊故墟曲阜，做鲁公诸侯。但周公未去自己的封国，而是留在朝廷辅佐武王。

…………

后来武王过世，成王继位时还是个孩子。周公担心天下人听说武王死而发生叛乱，于是便自己登基代替成王行使国家职权。这时管叔与其他弟兄便散布谣言说："周公将有害于成王。"周公无奈，对太公尚与召公奭说："我之所以不避嫌疑而代成王行使职权，是担心天下叛乱，我们无法向太王、王季、文王交代。三位先王为我们这份基业的开创操劳已久，到今天才得成功。武王过世早，成王又年幼，我完全是为了周王朝的稳定才这样做的。"于是便继续留下来辅佐成王，而派自己的长子伯禽去了鲁国封国。周公告诫伯禽说："我是文王的儿子，武王弟弟，成王的叔叔，我在国家的地位可以说是够高贵的了。但我仍在洗一次头发的工夫、吃一顿饭的工夫，好几次出来接待前来投奔的贤士，即使如此，我仍担心失掉天下的贤人。你到鲁国以后，千万不要因为自己是国君而慢待他人。"

第10课 《孔子世家》选读（一）

点拨

本文选自《史记·孔子世家》。孔子是我国伟大的思想家、教育家，他的思想对中国人的价值观和中华文明的形成，都产生了深远的影响。

孔子生鲁昌平乡陬（zōu）邑。其先宋人也，曰孔防叔。防叔生伯夏，伯夏生叔梁纥（hé）。纥与颜氏女野合而生孔子，祷于尼丘得孔子。鲁襄公二十二年而孔子生。生而首上圩（wéi）顶，故因名曰“丘”云。字仲尼，姓孔氏。

…………

孔子贫且贱，及长，尝为季氏史，料量平；尝为司职吏，而畜蕃息。孔子长九尺有（yòu）六寸，人皆谓之“长人”而异之。

…………

孔子之时，周室微而礼乐废，《诗》《书》缺。追迹三代之礼，序《书传》，上纪唐虞之际，下至秦缪（mù），编次其事。曰：“夏礼吾能言之，杞不足征也。殷礼吾能言之，宋不足征也。足，则吾能征之矣。”观殷、夏所损益，曰：“后虽百世可知也，以一文一质。”“周监二代，郁郁乎文哉。吾从周。”故《书传》《礼记》自孔氏。

译文

孔子生在鲁国昌平乡的陬邑。他的祖先是宋国人，他的曾祖父叫孔防叔。防叔生伯夏，伯夏生了叔梁纥。叔梁纥与颜家的一个女子未正式婚娶生了孔子，据说他们曾往尼丘山做过祷告。所以在鲁襄公二十二年孔子降生后脑袋就长得中间低四面高，因此他的母亲给他取名叫“丘”。字仲尼，姓孔氏。

…………

孔子小时候既贫且贱，等到长大后，先是给季孙氏家当管理仓库的小官，在掌握钱粮的出入方面准确公平；后来又做过管牲口的小官，而牲畜也繁殖得很好。孔子身高九尺六寸，人们都叫他“大高个儿”而对他另眼相看。

…………

在孔子生活的那个年代，周王朝已经非常衰弱了，当时礼崩乐坏，《诗》《书》也都残缺不全。于是孔子就一方面考查夏、商、周三代的礼乐制度，一方面整理《尚书》的遗文，他把上起唐尧、虞舜，下至秦缪公所有的《尚书》篇章，都编排了起来。他说：“夏代的礼仪我还是能说出来的，但它的后代杞国的礼仪不足以作证。殷代的礼仪我也是能说出来的，但它的后代宋国的礼仪不足以作证。因为他们的依据都不足，如果有足够的依据，那我就可以引来作证了。”孔子研究了殷、夏两代礼仪方面的发展变化后，推论说：“往后再过一百辈子的礼仪是什么样，现在我也能够知道了，其实就是一文一质，交互使用。”“而周朝的礼仪是借鉴了夏、殷两代的经验而制定的，它最隆盛，最丰富多彩。我是赞成周朝的。”后人诵读的《尚书》和《礼记》都是经孔子整理编定的。

第11课 《孔子世家》选读（二）

点拨

本文选自《史记·孔子世家》。《诗》《书》《礼》《乐》《易》《春秋》等儒家经典，无不凝聚着孔子这位儒学大师的心血与智慧。

古者《诗》三千余篇，及至孔子，去其重，取可施于礼义，上采契、后稷，中述殷周之盛，至幽厉之缺，始于衽（rèn）席，故曰“《关雎》之乱以为《风》始，《鹿鸣》为《小雅》始，《文王》为《大雅》始，《清庙》为《颂》始”。三百五篇孔子皆弦歌之，以求合《韶》《武》《雅》《颂》之音。礼乐自此可得而述，以备王道，成六艺。

孔子晚而喜《易》，序《彖（tuàn）》《系》《象》《说卦》《文言》。读《易》，韦编三绝。曰：“假我数年，若是，我于《易》则彬彬矣。”

孔子以《诗》《书》《礼》《乐》教，弟子盖三千焉，身通六艺者七十有二人。如颜浊邹之徒，颇受业者甚众。

…………

孔子在位听讼，文辞有可与人共者，弗独有也。至于为《春秋》，笔则笔，削则削，子夏之徒不能赞一辞。弟子受《春秋》，孔子曰：“后世知丘者以《春秋》，而罪丘者亦以《春秋》。”

译文

古代流传下来的《诗》大约有三千多篇，孔子删掉了那些重复的，选出了那些可以用来对人们进行礼义教育的，最早的有歌颂殷契、后稷的诗篇，接着有称述殷、周两代繁荣兴盛的诗篇，接着还有批评周厉王、周幽王道德衰败的诗篇，而编排的顺序又是从夫妻之间的关系开始的，所以说“《关雎》是《国风》的开篇，《鹿鸣》是《小雅》的开篇，《文王》是《大雅》的开篇，《清庙》是《颂》的开篇”。孔子给选出来的这三百零五篇古诗都一一地配上了乐谱来歌唱，让它们和《韶》乐、《武》乐、《雅》乐、《颂》乐相一致。有关音乐的发展历史从此有了一个大致的轮廓，而这是实行王道所不可缺少的，是六艺中的一艺。

孔子到了晚年特别喜欢《周易》，他为《周易》写了《序卦》《彖辞》《系辞》《象辞》《说卦》《文言》等著作。由于他不停地翻读《周易》，以至于那些串连竹简的皮条都断了好几次。他还遗憾地说：“要是能够再多给我几年时间，我对于《周易》也就能领会得更透彻、更深入了。”

孔子把《诗》《书》《礼》《乐》作为教育弟子的主要内容，受过孔子教育的弟子大概有三千人，其中对于六艺样样精通的有七十二个。像颜浊邹那样受过孔子一些教育而不算正式弟子的人就更多了。

…………

孔子在鲁国任司寇断案时，有些判词的措辞常常和其他人一同商量，个人并不专断。至于写《春秋》，凡是他认为该写的就一定写，该删的就一定删，即使像子夏等这些熟悉古代文献的学生也不能给他改动一个字。他的弟子们都要跟着他学《春秋》，孔子说：“后代赏识我的人将是根据这部《春秋》，批评我的人也将是根据这部《春秋》。”

第12课 《绛侯周勃世家》选读

点拨

本文选自《史记·绛侯周勃世家》。周勃是西汉的开国将领。他随从刘邦从汉中入关，刘邦称帝他被封侯，文帝时期官至丞相，为汉初的经济建设做出了巨大贡献。

绛（jiàng）侯周勃者，沛人也。其先卷人，徙沛。勃以织薄曲为生，常为人吹箫给丧事，材官引强。

…………

勃为人木强敦厚，高帝以为可属（zhǔ）大事。勃不好文学，每召诸生说士，东乡坐而责之："趣（cù）为我语。"其椎（chuí）少文如此。

…………

文帝既立，以勃为右丞相，赐金五千斤，食邑万户。居月余，人或说勃曰："君既诛诸吕，立代王，威震天下，而君受厚赏，处尊位，以宠，久之即祸及身矣。"勃惧，亦自危，乃谢请归相印。上许之。岁余，丞相平卒，上复以勃为丞相。十余月，上曰："前日吾诏列侯就国，或未能行，丞相吾所重，其率先之。"乃免相就国。

…………

绛侯复就国。孝文帝十一年卒，谥为武侯。子胜之代侯。六岁，尚公主，不相中，坐杀人，国除。绝一岁，文帝乃择绛侯勃子贤者河内守亚夫，封为条侯，续绛侯后。

译文

绛侯周勃，沛县人。他的祖先是卷县人，后来迁到沛县。周勃靠编织蚕箔维持生活，还常在人家办丧时事吹箫奏挽歌，后来又成为能拉硬弓的勇士。

…………

周勃为人质朴刚强，老实忠厚，高祖认为可以嘱托大事。周勃不喜爱文辞学问，每次召见儒生和游说之士，他面向东坐着，要求他们："赶快对我说吧！"他的质朴少文就是这个样子。

…………

文帝即位之后，任周勃为右丞相，赐给黄金五千斤，食邑一万户。过了一个多月，有人劝说周勃："您已诛灭了吕氏家庭，拥立代王为天子，威震天下，而您受到丰厚的赏赐，处在尊贵的地位，这样受宠，时间长了将会有灾祸降到您的身上。"周勃害怕了，自己也感到危险，于是就辞职，请求归还相印。皇帝答应了他的请求。过了一年多，丞相陈平去世，皇帝又让周勃任丞相。过了十多个月，皇帝说："前些天我下令让列侯都回到自己的封地去，有些人还没有走，丞相您是我很器重的人，希望您带头先去吧！"于是免去丞相职位回到封地。

…………

绛侯重新回到封地。在文帝十一年（公元前169）去世，谥号是武侯。他的儿子胜之继承爵位。过了六年，他所娶的公主与他感情不和，又因他犯了杀人罪，封地被废除。爵位中断了一年，文帝才从绛侯周勃的儿子中挑选出贤能的河内郡守周亚夫，封他为条侯，接续绛侯的爵位。

第13课 《扁鹊仓公列传》选读

点拨

本课选自《史记·扁鹊仓公列传》。扁鹊，春秋战国时期名医，被称为华夏医祖。由于他医术高超，所以当时的人们借用了上古神话黄帝时神医“扁鹊”的名号来称呼他。

扁鹊者，勃海郡鄚（mào）人也，姓秦氏，名越人。少时为舍长。舍客长桑君过，扁鹊独奇之，常谨遇之。长桑君亦知扁鹊非常人也。出入十余年，乃呼扁鹊私坐，间与语曰：“我有禁方，年老，欲传与公，公毋泄。”扁鹊曰：“敬诺。”乃出其怀中药予扁鹊：“饮是以上池之水，三十日当知物矣。”乃悉取其禁方书尽与扁鹊。忽然不见，殆非人也。扁鹊以其言饮药三十日，视见垣（yuán）一方人。以此视病，尽见五藏症结，特以诊脉为名耳。为医或在齐，或在赵。在赵者名扁鹊。

…………

扁鹊过齐，齐桓侯客之。入朝见，曰：“君有疾在腠（còu）理，不治将深。”桓侯曰：“寡人无疾。”扁鹊出，桓侯谓左右曰：“医之好利也，欲以不疾者为功。”后五日，扁鹊复见，曰：“君有疾在血脉，不治恐深。”桓侯曰：“寡人无疾。”扁鹊出，桓侯不悦。后五日，扁鹊复见，曰：“君有疾在肠胃间，不治将深。”桓侯不应。扁鹊出，桓侯不悦。后五日，扁鹊复见，望见桓侯而退走。桓侯使人问其故。扁鹊曰："疾之居腠理也，汤熨之所及也；在血脉，针石之所及也；其在肠胃，酒醪（láo）之所及也；其在骨髓，虽司命无奈之何。今在骨髓，臣是以无请也。"后五日，桓侯体痛，使人召扁鹊，扁鹊已逃去。桓侯遂死。

译文

扁鹊是勃海郡的鄚州人，姓秦，名越人。年轻时为人家管理客馆。有个叫作长桑君的住在这里，只有扁鹊认为他与众不同，待他很恭谨。长桑君也知道扁鹊非平庸之辈。长桑君在客馆出入十多年，后来他把扁鹊叫到他房间里，悄悄对他说："我有许多秘方，岁数大了，想把它传给你，你可千万别说出去。"扁鹊说："我一定照办。"于是长桑君从怀里取出一包药递给扁鹊说："用未落地的雨水或露水送饮此药，连用三十天你就会有神奇的视力了。"接着长桑君便把他所有的秘方书都取出来交给了扁鹊。然后，忽然不见了，看来长桑君不是个凡人。扁鹊便依他的话吃了三十天药，果然能隔墙瞧见那边的人了。扁鹊凭此看病，能把病人五脏中的病症都看得清清楚楚，诊脉只是个名义而已。扁鹊行医，有时在齐国，有时在赵国。在赵国时被称为扁鹊。

…………

扁鹊经过齐国时，齐桓侯接待了他。扁鹊入朝时，对桓侯说："您皮肤和肌肉之间有病，如果不及时治疗，病就会往身体内部发展。"桓侯说："我没病。"扁鹊出去后，桓侯对左右的人说："医生贪财好利，把没病的人说成病人，以治好无病的人为自己的功劳。"五天以后，扁鹊又见到了齐桓侯，说："您的病已经进入血脉了，如不及时医治，恐怕还要往深里发展。"桓侯说："我没病。"扁鹊出去后，桓侯心里很不高兴。又过了五天，扁鹊又去见桓侯，说："您的病已到了肠胃之间，如再不治，还会加深。"桓侯不搭理他。扁鹊出去之后。桓侯更不高兴。又过了五天，扁鹊又去见齐桓侯，这回他只远远地一看就赶紧往回跑。桓侯派人问他为什么跑。扁鹊说："病在肌表，用汤剂、烫药就可以治好；病入血脉，用铁针石针就可以扎好；病入肠胃，用药酒可以治好；可是等到病入骨髓便是掌管性命的神仙也没有办法医治了。如今国君的病已浸入骨髓，所以我没同国君讲话就退下来了。"又过了五天，桓侯发病了，派人去请扁鹊，扁鹊早已逃离了齐国。于是齐桓侯就病死了。

第14课 《太史公自序》选读

点拨

本文选自《史记·太史公自序》。司马迁少时勤学有为，游学祖国名山大川，深入民间了解民俗。他秉承父志，含垢忍辱，创作千古名作《史记》。

迁生龙门，耕牧河山之阳。年十岁则诵古文。二十而南游江、淮；上会稽，探禹穴；窥九疑，浮于沅、湘；北涉汶、泗，讲业齐、鲁之都，观孔子之遗风，乡射邹、峄；厄困鄱（pó）、薛、彭城，过梁、楚以归。于是迁仕为郎中，奉使西征巴、蜀以南，南略邛（qióng）、笮（zuó）、昆明，还报命。

是岁天子始建汉家之封，而太史公留滞周南，不得与从事，故发愤且卒。而子迁适使反，见父于河、洛之间。太史公执迁手而泣曰："余先周室之太史也。自上世尝显功名于虞夏，典天官事。后世中衰，绝于予乎？汝复为太史，则续吾祖矣。今天子接千岁之统，封泰山，而余不得从行，是命也夫，命也夫！余死，汝必为太史；为太史，无忘吾所欲论著矣。且夫孝始于事亲，中于事君，终于立身。扬名于后世，以显父母，此孝之大者。夫天下称诵周公，言其能论歌文、武之德，宣周、邵之风，达太王、王季之思虑，爰及公刘，以尊后稷也。幽、厉之后，王道缺，礼乐衰，孔子修旧起废，论《诗》《书》，作《春秋》，则学者至今则之。自获麟以来四百有余岁，而诸侯相兼，史记放绝。今汉兴，海内一统，明主贤君忠臣死义之士，余为太史而弗论载，废天下之史文，余甚惧焉，汝其念哉！”迁俯首流涕曰：“小子不敏，请悉论先人所次旧闻，弗敢阙。”

卒三岁而迁为太史令，紬（chōu）史记石室金匮（kuì）之书。五年而当太初元年，十一月甲子朔旦冬至，天历始改，建于明堂，诸神受纪。

太史公曰：“先人有言：‘自周公卒五百岁而有孔子。孔子卒后至于今五百岁，有能绍明世，正《易传》，继《春秋》，本《诗》《书》《礼》《乐》之际？’意在斯乎！意在斯乎！小子何敢让焉。”

译文

司马迁出生在龙门，曾在龙门山南过了一段耕田和放牧的生活。十岁时开始学习古文。二十岁开始南下游历，先后曾到过江淮一带；还上过会稽山，探访过禹穴；又到过九疑山，瞻仰过舜的坟墓，而后乘船到过沅水和湘水；接着又北上到了汶水、泗水，在齐鲁的旧都临淄、曲阜游过学，领略了孔子的遗风，还到邹县、峄山参加过那里的乡射活动；后来路经鄱县、薛县、彭城时，遇到了一些麻烦，吃过一些苦头，最后经过梁国、楚国回到了家乡。回来后不久就进京做了郎中，后来又奉命出使去了巴、蜀以南，到过邛都、筰都、昆明国，然后才返回来。

这一年汉武帝第一次东巡，去泰山举行祭祀天地的封神大典，而司马谈因为有病走到洛阳时只好留下来，不能跟着去参加了，为此他深感遗憾而且恼火。正好他的儿子司马迁从云南出使回来，在河南、洛阳之间的地方见到了父亲。司马谈拉着儿子的手流着眼泪说：“我们的祖先曾经是周朝的太史。

再早的先人在虞舜夏禹的时代就曾有过显赫的功名，主管过天文。后来在半道上衰落了，难道在我这里就让它断了吗？如果今后你能够再当上太史令，那就继承了我们祖先的事业了。当今皇上承接千年来已经断绝的大典，到泰山去祭天，可我却偏偏身体生病无法跟着去，这不是命吗，这不是命吗！我死后，估计你一定会做太史令；你要是做了太史令，千万不要忘记我想写的那部著作。孝道的最浅层次是侍奉父母，中间层次是侍奉国君，最高层次是建立功名。使自己名扬后世，连父母也跟着光荣，这才是最大的孝道。自古以来人们为什么赞扬周公呢？就因为他能够歌颂文王、武王的功德，使自己和召公的风教普行于天下，他发挥了太王、王季的思想，并向上一直追溯到公刘，推尊到他们的始祖后稷。自从幽王、厉王以来，王道不昌，礼崩乐坏，多亏后来出了个孔子，他整理了旧时的文献，振兴了已被时人废弃的礼乐，他讲述了《诗》《书》，撰写了《春秋》，直到今天，学者们还把它视为行为的准则。从鲁哀公获麟、孔子搁笔以来，到今天又有四百多年了，由于各国的兼并战乱，当时的历史书都已散失断绝了。当今汉朝建立，国家统一，明主贤君、忠臣义士的事迹很多，我身为史官，如果不能把他们都写下来，以至于造成历史文献的荒废，我很惶恐，你一定要好好注意这件事！”司马迁低着头，流着跟泪说：“我虽然不聪明，但我一定要把您已经收集整理的资料写成著作，决不能让它有半点缺失。”

司马谈去世三年后，司马迁果然做了太史令，于是他就开始阅读国家图书馆里所收藏的那些图书档案。又过了五年，也就是太初元年，这一年的十一月初一即甲子日凌晨冬至，国家颁布了新历法，在明堂里举行了典礼，各地的诸侯都一体遵照实行。

司马迁说：“我父亲曾说过：‘周公死后五百年，出了个孔子；孔子死后到现在又有五百年了，有谁能继承并发扬古代圣人的事业，能正确地理解《易传》，接续着孔子的《春秋》，依据着《诗》《书》《礼》《乐》的本质意义，来写一部新的著作呢？’说不定这个人就在眼前吧！就在眼前吧！我怎么能推让呢？”

第2单元 《明史》选读

导读

《明史》是二十四史最后一部，共三百三十二卷，包括本纪二十四卷，志七十五卷，列传二百二十卷，表十三卷。它是一部纪传体，记载了自朱元璋洪武元年（公元1368年）至朱由检崇祯十七年（公元1644年）二百多年的历史。《明史》在体例上有新的创造，在列传中专列了“阉党”、“流贼”和“土司”三目。

《明史》较为系统地论述分析了明代政治、经济、军事、民族关系、中外关系的发展状况和明代的阶级状况。明朝是我国历史上的一个重要时期，这一历史时期，社会生产力、社会经济得到了较大的发展，商品经济的发展突破了以往历史上任何一个时代，由此而引起生产关系方面产生了微妙的变化。《明史》是一部水平较高的史书，编纂得体、材料翔实、叙事稳妥、行文简洁，清史学家赵翼评价为“未有如《明史》之完善者”。

第15课 《明史·本纪》选读

点拨

《明史》本纪以十六个帝王为线索记录了明朝历史。朱元璋是明朝的开国皇帝，他改革了原来的行政机构，废除丞相、行省，设锦衣卫加强中央集权。明成祖朱棣（dì）年号永乐，他在位修建北京城，多次派郑和下西洋，还命人编修《永乐大典》，疏浚大运河。他在位期间经济繁荣、国力强盛，史称“永乐盛世”。

1. 朱元璋占卜入义军

十二年春二月，定远人郭子兴与其党孙德崖等起兵濠州。元将彻里不花惮（dàn）不敢攻，而日俘良民以邀赏。太祖时年二十四，谋避兵，卜于神，去留皆不吉。乃曰：“得毋当举大事乎？”卜之吉，大喜，遂以闰三月朔入濠见子兴。子兴奇其状貌，留为亲兵。战辄胜。遂妻以所抚马公女，即高皇后也。

——《明史·卷一·本纪第一》

译文

元朝至正十二年（1352）春二月，定远人郭子兴与同伙孙德崖等起兵濠州。元朝将领彻里不花害怕不敢进攻，便每日抓良民邀赏。太祖时年二十四岁，为逃避兵荒，占卜于神，去留皆不吉利。他就说：“难道应该谋反举事吗？”一卜则吉，大喜，于是四月十五到濠州见郭子兴。子兴见其外貌形状十分惊奇，留下作为亲兵。每战必胜。于是将抚养的马公之女许配给他，此即后来的高皇后。

2. 朱元璋谋自立发展

十三年春，贾鲁死，围解。太祖收里中兵，得七百人。子兴喜，署为镇抚。时彭、赵所部暴横，子兴弱，太祖度无足与共事，乃以兵属他将，独与徐达、汤和、费聚等南略定远。计降驴牌寨民兵三千，与俱东。夜袭元将张知院于横涧山，收其卒二万。道遇定远人李善长，与语，大悦，遂与俱攻滁州，下之。

——《明史·卷一·本纪第一》

译文

至正十三年（1353）春，贾鲁死，濠州围解。太祖回家乡招兵七百人。郭子兴十分高兴，提升太祖为镇抚。这时彭、赵所率部众暴横无理，郭子兴孱弱无力，太祖考虑不足与他们共事，便交兵于他将，独自与徐达、汤和、费聚等人向南经营定远。用计降服驴牌寨民兵三千，一起向东。夜袭元将张知院于横涧山，收其兵士二万。道遇定远人李善长，与之交谈后大喜，便一起攻取了滁州。

3. 朱棣其人

成祖启天弘道高明肇运圣武神功纯仁至孝文皇帝讳棣，太祖第四子也。母孝慈高皇后。洪武三年，封燕王。十三年，之藩北平。王貌奇伟，美髭髯（zī rán）。智勇有大略，能推诚任人。二十三年，同晋王讨乃儿不花。晋王怯不敢进，王倍道趋迤都山，获其全部而还，太祖大喜，是后屡帅诸将出征，并令王节制沿边士马，王威名大振。

——《明史·卷五·本纪第五》

译文

成祖启天弘道高明肇运圣武神功纯仁至孝文皇帝，名朱棣，太祖第四子。其母为孝慈高皇后。洪武三年（1370），封为燕王。洪武十三年（1380），就藩北平镇守。朱棣相貌奇伟，髭髯美丽。有雄才大略，能知人善任。二十三年（1390），同晋王讨伐乃儿不花。晋王因害怕他们而不敢进攻，朱棣火速进至迤都山，大获全胜而回，明太祖十分高兴。此后，朱棣经常率军出征，并受令节制诸王及沿边兵马，使他威名大振。

4. 朱棣恤民减徭租

秋七月壬午朔，大祀天地于南郊，奉太祖配。诏："今年以洪武三十五年为纪，明年为永乐元年。建文中更改成法，一复旧制。山东、北平、河南被兵州县，复徭役三年，未被兵者与凤阳、淮安、徐、滁、扬三州蠲（juān）租一年，余天下州县悉蠲今年田租之半。"

——《明史·卷五·本纪第五》

译文

秋七月初一，大祭天地于南郊，顺便祭奉明太祖。下诏曰："今年以洪武三十五年（1402）为纪年，明年为永乐元年。建文帝时更改的成文法制，一复旧制。山东、北平、河南遭兵祸州县，免除徭役三年，没遭兵祸州县的与凤阳、淮安、徐、滁、扬三州减免租税一年，余下的全国其他州县全部减免今年田租的一半。"

第16课 《明史·列传》选读

点拨

《明史》称赞于谦“忠心义烈，与日月争光”。他与岳飞、张煌言并称“西湖三杰”。他年少有为，才思敏捷；他为官清廉，一心为民；他保卫京师，铲除奸党，辅助朝纲。

1. 于谦入仕

于谦，字廷益，钱塘人。生七岁，有僧奇之曰：“他日救时宰相也。”举永乐十九年进士。宣德初，授御史。奏对，音吐鸿畅，帝为倾听。顾佐为都御史，待寮属甚严，独下谦，以为才胜己也。扈跸（hù bì）乐安，高煦出降，帝命谦口数其罪。谦正词崭崭，声色震厉。高煦伏地战栗，称万死。帝大悦。师还，赏赉（lài）与诸大臣等。

——《明史·卷一百七十·列传第五十八》

译文

于谦，字廷益，钱塘人。七岁的时候，有个和尚惊奇于他的相貌，说：“这是将来救世的宰相呀。”永乐十九年，于谦考中了进士。宣德初年，任命于谦为御史。奏对的时候，他声音洪亮，语言流畅，使皇帝很用心听。顾佐任都御使，对下属很严厉，只有对于谦客气，认为他的才能胜过自己。护从皇帝驻扎在乐安时，高煦出来投降，皇帝让于谦口头数说他的罪行。于谦义正词严，声色俱厉。高煦伏在地上战栗，自称罪该万死。皇帝很高兴。班师回朝北京，给于谦赏赐和各大臣一样。

2. 出任巡按

出按江西，雪冤囚数百。疏奏陕西诸处官校为民害，诏遣御史捕之。帝知谦可大任，会增设各部右侍郎为直省巡抚，乃手书谦名授吏部，超迁兵部右侍郎，巡抚河南、山西。谦至官，轻骑遍历所部，延访父老，察时事所宜兴革，即俱疏言之。一岁凡数上，小有水旱，辄上闻。

——《明史·列传·卷五十八》

译文

于谦外出巡按江西，昭雪了被冤枉的几百个囚犯。他上疏奏报陕西各处官校骚扰百姓，诏令派御史逮捕他们。皇帝知道于谦可以承担重任，恰逢当时增设各部右侍郎为直接派驻省的巡抚，于是亲手写了于谦的名字交给吏部，越级提升为兵部右侍郎，巡抚河南、山西。于谦到任后，轻装骑马走遍了所管辖的地区，访问父老，考察当时各项应该兴办或者革新的事，并立即上疏提出。一年上疏几次，稍有水旱灾害，马上上报。

诸子览胜

第1单元　《晏子春秋》选读

导　读

晏子（公元前578—前500年），名婴，字平仲。齐国夷维（今山东省高密市）人，春秋时期著名政治家、思想家、外交家。他出身世家，历仕灵、庄、景三朝，长达五十四年。据说晏婴身材矮小，其貌不扬，却是我国历史上有名的“智者”。晏婴在世的时候，正值齐国不断走向衰落，但他凭借着自己的聪明才智，力挽狂澜，使齐国在诸侯中赢得了应有的地位。

《晏子春秋》是记叙晏婴言行的一部书，分为内篇和外篇。内篇分《谏上》《谏下》《问上》《问下》《杂上》《杂下》六篇，外篇分上、下两篇。全书通过一个个生动活泼的故事，塑造了主人公晏婴和众多陪衬者的形象，表达了晏子重民爱民、以民为本、以礼治国、任贤去佞（nìng）等思想。

第1课 《内篇谏上》选读（一）

点拨

本课选自《晏子春秋·内篇谏上》第一则故事。齐庄公崇尚勇力，不行礼义，晏子不同意这种观点，认为勇力必须以礼义为前提，否则将导致国家衰败灭亡。

庄公奋乎勇力，不顾于行义。勇力之士，无忌于国，贵戚不荐善，逼迩（ěr）不引过，故晏子见公。

公曰："古者亦有徒以勇力立于世者乎？"

晏子对曰："婴闻之，轻死以行礼谓之勇，诛暴不避强谓之力。故勇力之立也，以行其礼义也。汤、武用兵而不为逆，并国而不为贪，仁义之理也；诛暴不避强，替罪不避众，勇力之行也。古之为勇力者，行礼义也。今上无仁义之理，下无替罪诛暴之行，而徒以勇力立于世，则诸侯行之以国危，匹夫行之以家残。昔夏之衰也，有推侈（chǐ）、大戏；殷之衰也，有费仲、恶来。足走千里，手裂兕（sì）虎，任之以力，凌轹（lì）天下，威戮（lù）无罪，崇尚勇力，不顾义理，是以桀、纣以灭，殷、夏以衰。今公自奋乎勇力，不顾乎行义，勇力之士，无忌于国，身立威强，行本淫暴，贵戚不荐善，逼迩不引过，反圣王之德，而循灭君之行。用此存者，婴未闻有也。"

译文

齐庄公倡导勇力，无意实行仁义。国内那些勇力之士，横行无忌，贵族公卿不进言美德善道，左右近臣也不指陈过错失误，晏子于是进见庄公。

庄公问："古时候也有仅凭勇力就能在世上立足的吗？"

晏子回答说："我听说，实行礼义而不畏死叫作勇，除灭暴虐而不畏强大叫作力。所以勇力的建立，是为了实行礼义。商汤、周武王起兵不算叛逆，兼并其他国家也不算贪，因为符合仁义的道理；他们诛灭暴虐而不畏强大，推翻罪恶王朝而无惧人多，这才是勇敢的行为。古代那些勇力之人，实行礼义。如今上不讲仁义的道理，下不见除恶去暴的行为，仅仅凭勇力立足于世，那么诸侯这么做就会使国家危险，百姓这么做就会使家庭残破。从前夏朝衰败时，有推侈、大戏等大力人；商代衰败时，有费仲、恶来等勇力之辈。他们能徒步奔走千里之远，徒手撕裂犀牛猛虎，凭着一身力气被任用，欺凌天下诸侯，杀戮无罪百姓，崇尚勇力，不顾道义天理，因此夏桀、商纣被灭亡，殷商、夏代衰微。如今君王您亲自倡导勇力，无意于实行仁义，那些勇力之士，在国内横行无忌，以威猛强悍立身于世，以淫邪暴虐为行为之本，贵族公卿不进言美德善道，左右近臣不指陈过错失误，违背贤圣之王的品德，而遵循灭国之君的行为。这样做而能保存国家的，我没有听过。"

趣读

晏子劝齐景公守礼法

一次，齐景公与众大夫开怀畅饮，让大夫不要拘礼。晏子劝谏说："大臣们如果不守礼，就可以凭勇力主宰一切，那您将怎么立于君王之位呢？"景公沉湎不悟，听不进去。

晏子于是用行动劝谏：景公出去进来，晏子端坐不动；大夫向景公敬酒，晏子又抢先饮酒。景公大怒，责怪晏子不讲礼仪。晏子离开座位，拜了三拜，恭敬地申辩道："为臣我只是以此来造成一个无礼的实际情况而已。您如果想让大家不拘礼，就会是这样的。"

景公听后，恍然大悟说："先生您入席吧，寡人听从您的教导。"景公敬酒三遍，就停止了饮酒。

第2课　《内篇谏上》选读（二）

点拨

本课选自《晏子春秋·内篇谏上》第六则故事。齐景公醉心于新兴的音乐，通宵欣赏，以至于耽误了上朝。晏子果断采取措施，并向景公指出音乐关乎国家政治、王朝兴衰，并非纯粹的个人爱好问题。

晏子朝，杜扃（jiōng）望羊待于朝。晏子曰："君奚故不朝？"对曰："君夜发不可以朝。"晏子曰："何故？"对曰："梁丘据入歌人虞，变齐音。"

晏子退朝，命宗祝修礼而拘虞。

公闻之而怒曰："何故而拘虞？"

晏子曰："以新乐淫君。"

公曰："诸侯之事、百官之政，寡人愿以请子；酒醴（lǐ）之味、金石之声，愿夫子无与（yù）焉。夫乐，何必夫故哉？"

对曰："夫乐亡而礼从之，礼亡而政从之，政亡而国从之。国衰，臣惧君之逆政之行。有歌，纣作北里，幽、厉之声，顾夫淫以鄙而偕亡。君奚轻变夫故哉？"

公曰："不幸有社稷之业，不择言而出之，请受命矣。"

译文

晏子上朝，只见杜扃目光茫然地在朝廷上等着。晏子问他："君主为什么还没上朝？"杜扃答道："君王昨夜没睡，无法上朝。"晏子问："为什么？"杜扃答道："梁丘据引荐了一个叫虞的歌手，演唱了新曲子。"

晏子退朝，下令让宗祝修订礼乐并拘捕了虞。

景公听说后生气地问：“为什么要拘捕虞？”

晏子说：“因为他用新音乐迷惑国君。”

景公说：“有关诸侯的事情、百官的政务，寡人愿意请教您；至于品尝美酒、聆听音乐，希望先生您不要干涉。音乐嘛，为何一定要听那些旧的呢？”

晏子回答说：“雅乐制度衰亡了，礼义就跟着衰亡；礼义衰亡了，政治就跟着衰亡；政治衰亡了，国家也就跟着衰亡。国家衰弱，我担心您会有不利于政治的行为。以前就有这样的歌曲，商纣王时所作的北里之曲，周幽王、周厉王时的新乐，只是因为淫靡粗鄙，便连同礼义、政治、国家等全部衰亡了。君主您为何轻易地就把旧乐改变了呢？”

景公说：“我不才，拥有国家大业，不斟酌就说了那些话，请让我接受您的教诲吧。”

趣读

晏子劝谏齐景公

齐景公设宴行赏，想要赏三个人一万钟粮食，赏五个人一千钟粮食。可赏赐的命令发出多次，掌管钱粮的部门却不听从。景公很不高兴。

晏子来见景公。景公对他说：“寡人身为国君，喜欢一个人却不能使他得利，厌恶一个人却不能疏远他，这就失去做国君的威严了吧。”

晏子说：“我听说，国君端正、臣子服从叫作顺；国君邪僻、臣子服从叫作逆。如今君王您赏赐谗佞阿谀的臣子，而命令官吏一定要服从，那么这就使国君失去威严、臣子失去职守了。从前夏商周三代兴盛时，贤良的人众多，因此天下政治安定，百姓和睦团聚。到了夏商周衰败时，君王对顺从自己的人便十分喜爱，对违背自己的人就十分厌恶，致使百姓流离失所，国家危亡倾覆。君王上不思虑圣贤之王兴盛之道，下不审察昏庸之君衰败之因，下臣担心您那无道乱政一旦实行，各部官吏不敢抗争，就会导致国家倾覆，王室危亡。”

景公说：“寡人不知道这些，请听从司法官的决断吧。”

第3课　《内篇谏上》选读（三）

点拨

本课选自《晏子春秋·内篇谏上》第十三则故事。封人（守卫边境的地方官）祝景公不要得罪民众，引起景公的不快。晏子向景公揭示了君得罪于民、民众治之的道理。

景公游于麦丘，问其封人曰："年几何矣？"对曰："鄙人之年八十五矣。"公曰："寿哉！子其祝我。"封人曰："使君之年长于胡，宜国家。"公曰："善哉！子其复之。"封人曰："使君之嗣，寿皆若鄙人之年。"公曰："善哉！子其复之。"封人曰："使君无得罪于民。"公曰："诚有民得罪于君则可，安有君得罪于民者乎？"

晏子谏曰："君过矣！彼疏者有罪，戚者治之；贱者有罪，贵者治之；君得罪于民，谁将治之？敢问：桀、纣，君诛乎？民诛乎？"

公曰："寡人固也。"于是赐封人麦丘以为邑。

译文

齐景公出游到了麦丘，问这里的封人说："您多大年龄了？"封人回答说："我八十五岁了。"景公说："真长寿啊！您为我祝福吧。"封人说："愿君王的寿命比最长寿的老人还长，有利于国家。"景公说："好啊！您再祝福一次吧。"封人说："愿君王的后代，寿命都像我这样年纪。"景公说："好啊！您继续祝福一次吧。"封人说："愿君王不要得罪百姓。"景公说："如果说有百姓得罪君王还差不多，哪有君王得罪百姓的呢？"

晏子进谏说："君王您话说过了！那些关系疏远的人有罪，则有关系亲近的人治他；卑贱的人有罪，则有高贵的人治他；如果君主有罪于百姓，将有谁来治呢？我斗胆问一句：夏桀和商纣王，是被君主杀了呢？还是被百姓杀了呢？"

景公说："寡人真是鄙陋啊。"于是就把麦丘赏赐给封人做邑。

趣读

晏子辩祝祷无益

齐景公身上长了疥疮（jiè chuāng），还发着疟疾，一整年都不见好。他召来大臣会谴、梁丘据和晏子，问他们说："寡人的疾病很严重了，我让史固与祝佗遍祭山川鬼神和祖宗神灵，牛羊祭品和美玉礼器没有不齐备的，其数量往往多于先君桓公的，桓公用一倍寡人就两倍。可是病不见好，还更加严重了，所以我想杀了这两个人以取悦天帝，这样做可以吗？"

晏子脱下帽子，说："如果以为祝祷有好处，那么诅咒也就有害处。如果您疏远辅佐您的左右大臣，忠臣被隔绝，劝谏的话便无法说出，那么全国百姓都在受苦诅咒国君。现在只让这两个人祝祷，即使是最善于祝祷的人也不能取胜。况且祝祷时如果直说实情，就是诽谤君王；如果隐瞒过错，就是欺骗天帝。天帝如果神灵，就欺骗不了；天帝如果不神灵，祝祷也没好处。但愿您明察这一点。当年夏商就是因为刑杀无罪的人而灭亡的……"

景公说："您真善于消解我的疑惑，请戴上帽子！"于是下令会谴不再主持齐国的内政，梁丘据不再主管外交，这些事务全都交给晏子。晏子推辞，得不到允许，就接受了相国之职，执掌齐国大政。过了一个月，景公的病就好了。

第4课　《内篇谏上》选读（四）

点拨

本课选自《晏子春秋·内篇谏上》第二十则故事。齐景公在大雪天里穿着狐皮大衣，却以为天不冷。晏子告诫他“饱而知人之饥，温而知人之寒，逸而知人之劳”的为君之道。

景公之时，雨（yù）雪三日而不霁（jì）。公被（pī）狐白之裘，坐于堂侧阶。晏子入见，立有间（jiàn），公曰：“怪哉！雨雪三日而天不寒。”

晏子对曰：“天不寒乎？”公笑。

晏子曰：“婴闻古之贤君，饱而知人之饥，温而知人之寒，逸而知人之劳。今君不知也。”

公曰：“善！寡人闻命矣。”乃令出裘发粟，以与饥寒者。令所睹于涂者无问其乡，所睹于里者无问其家，循国计数，无言其名。士既事者兼月，疾者兼岁。

孔子闻之曰：“晏子能明其所欲，景公能行其所善也。”

译文

齐景公时，有一次下了三天雪还不见晴天。景公身披白色狐皮大衣，坐在前堂边的台阶上。晏子进见，站了一会儿，景公说：“奇怪啊！下了三天雪却还不冷。”

晏子回答说：“天不冷吗？”景公听后笑了。

晏子说：“我听说古代的贤君，自己吃饱而能知道别人的饥饿，自己温暖而能知道别人的寒冷，自己安逸而能知道别人的劳苦。如今君王您却不知道。”

景公说：“好！我聆听您的指教了。”于是就令人拿出皮衣和粮食，发放给那些挨饿受冻的人。凡是在路上看到的都不必过问其家乡，在村里看到的都不必过问是哪家的，巡视全国统计数目，不必注明受救济者的姓名。士人中有职事的发给两个月粮食，有疾病的发给两年粮食。

孔子听说了这件事，说：“晏子能表明他所想做的事，景公能实行他所赞同的事啊。”

趣读

晏子劝齐景公勿溺爱妾

翟王的儿子羡做了齐景公的臣仆，他邀请景公观赏十六匹马驾车的技术，景公看了并不喜欢。但景公的宠妾婴子想看，景公说：“那就趁晏子卧病在床的机会看看吧。”婴子看了很喜欢，就为羡请求丰厚的俸禄，景公答应了。晏子听说后，抱病去见景公。景公邀请晏子观看翟王之子羡驾车，晏子婉拒了。齐景公为了满足爱妃婴子的要求，便趁机向晏子提议给羡一万钟的俸禄。

晏子劝谏齐景公说：“当年卫国士人东野氏驾车，您喜欢，可是婴子不喜欢，您就跟着不喜欢。如今翟王之子羡驾车，您不喜欢，可是婴子喜欢，您就跟着喜欢了。她为他请求厚禄，您也准许了。这样，您就受制于女人了。而且您不乐于治理人，而乐于治理马；不厚赏贤人，而厚赏车夫。这绝不是统治民众、亲近贤臣的正道。听从宠妾以厚赏车夫会积聚百姓的怨恨，这是与百姓为仇敌的做法。如今您不想着怎么成就国家，却只会尽力于倾覆国家，国家灭亡的日子就要到了。您还是好好考虑一下吧！”

景公听后恍然大悟，于是不再观看驾车，辞退了翟王之子羡，并疏远了宠妾婴子。

第5课 《内篇谏上》选读（五）

点拨

本课选自《晏子春秋·内篇谏上》第二十五则故事。齐景公因为自己喜爱的马病死，要肢解养马人。晏子借数落养马人“罪状”，批评了景公重马轻人的不仁之心，并指出这种行为的严重后果，终于使景公放了养马人。

景公使圉（yǔ）人养所爱马，暴病死。公怒，令人操刀解养马者。是时晏子侍前，左右执刀而进，晏子止之，而问于公曰：“古时尧、舜支解人，从何躯始？”公惧然曰：“从寡人始。”遂不支解。

公曰：“以属（zhǔ）狱。”

晏子曰：“此不知其罪而死，臣请为君数之，使自知其罪，然后属之狱。”公曰：“可。”

晏子数之曰：“尔罪有三：公使汝养马而杀之，当死罪一也；又杀公之所最善马，当死罪二也；使公以一马之故而杀人，百姓闻之必怨吾君，诸侯闻之必轻吾国，汝一杀公马，使公怨积于百姓，兵弱于邻国，当死罪三也。今以属狱。”

公喟然叹曰：“夫子释之！夫子释之！勿伤吾仁也。”

译文

齐景公让马夫饲养自己所喜爱的马，马暴病死亡。景公大怒，令人持刀肢解养马的人。当时晏子正在景公跟前陪侍，左右之人持刀上前，晏子制止了他们，并问景公说：“古时尧、舜肢解人，先从躯体哪个部位开始？”景公猛然一惊，脱口答道：“从我开始。”于是就不肢解养马人了。

景公说：“把他交给狱官处理。”

晏子说：“这样他不知道自己犯了什么罪而死，请让下臣我替您列举他的罪状，让他知道自己的罪过，然后把他送到监狱里。”景公说：“可以。”

晏子列举道：“你的罪有三条：君王让你养马而你把马害死了，这是该当死罪的第一条；你所害死的又是君王最喜爱的马，这是该当死罪的第二条；你使君王为了一匹马而杀人，使百姓怨恨君王，其他国家听说了就必然会轻视我们国家，你一次害死君王的马，就使君王在百姓中积下怨恨，使国家兵力弱于邻国，这是你该当死罪的第三条。现在就凭这些把你送进监狱。”

景公叹息道：“先生放了他！先生放了他！不要损害了我的仁德。”

趣读

晏子谏景公东起大台之役

晏子出使鲁国回来时，发现景公正在国内大兴建造大台的劳役。当时天气严寒，为此而挨饿受冻的人每乡都有，所以国人都盼望晏子早点回来。

晏子来到景公面前，回复完差事后，景公愉快地请他坐下饮酒。晏子说：“请您恩准下臣为您唱首歌吧。”于是晏子唱着百姓的歌谣：“冻水洗我，若之何！君王让我没法活，若之何？”唱完歌后，他叹息着流下了泪水。

景公制止他说：“先生您为什么这么悲伤？大概是为了大台劳役的事吧？寡人将马上把它停止。”

晏子来到大台工地，手持棍棒鞭打那些干活不卖力的人，说：“我们都是卑下的小人，也都有着房屋以避免燥热潮湿，可是如今国君要建个台却不能快点建成，你们是怎么工作的？”国人都说：“晏子是在帮助老天实行暴虐啊！”

晏子离开工地，还没回到家，景公就已经发出命令赶快停止劳役。

孔子听到这件事，赞叹着说：“自古善于做臣子的，总是把好的名声归于君王，把灾祸归于自己。入朝就和君王切磋探讨君王的不善之处，下朝就高度赞誉君王的美德仁义。能担得起这个为臣之道的，大概只有晏子了！”

第6课 《内篇谏下》选读

点拨

本课选自《晏子春秋·内篇谏下》第八则故事。齐景公在春夏农忙季节进行游猎、修建工程，拒绝晏子劝谏，晏子则以周文王和楚灵王的正反事例，劝告景公要以国家社稷为重。

景公春夏游猎，又起大台之役。晏子谏曰："春夏起役，且游猎，夺民农时，国家空虚，不可。"

景公曰："吾闻相（xiàng）贤者国治，臣忠者主逸。吾年无几矣，欲遂吾所乐，卒吾所好，子其息矣。"

晏子曰："昔文王不敢盘游于田，故国昌而民安。楚灵王不废乾（qián）溪之役，起章华之台，而民叛之。今君不革，将危社稷，而为诸侯笑。臣闻忠臣不避死，谏不违罪。君不听臣，臣将逝矣。"

景公曰："唯唯，将弛罢之。"未几，朝韦冏（jiǒng）解役而归。

译文

齐景公于春夏期间去游猎，又大兴修建高台的劳役。晏子劝谏说："您春夏季节大兴劳役，又出游打猎，会侵夺百姓的农耕时机，影响农业收成导致国家空虚，不能这样。"

景公说："我听说国相贤明则国家大治，臣子忠心则君主安逸。我的年岁没有多少了，想尽享一下欢乐爱好，您还是别说了吧。"

晏子说："从前周文王不敢流连于狩猎之乐，所以国家昌盛、百姓安定。楚灵王不解除在乾溪的劳役，建造章华的高台，所以百姓背叛了他。现在您如果不改正，就将危害国家，而被各国诸侯耻笑。我听说忠臣不怕死，劝谏不避获罪。您不听下臣的劝谏，下臣就要离开您了。"

景公说："好的好的，我将停止这些劳役。"没过多久，他就召来韦冏，让他解除劳役，自己也回朝了。

趣读

景公欲以人礼葬猎狗

齐景公的猎狗死了，景公非常痛惜，决定要以送葬贤臣之礼葬狗，于是下令宫外为它提供棺材，宫内为它供给祭品。

晏子听说了这事，劝谏景公。景公说："这不过是件小事，只是表达我对自己喜爱的猎狗死去的痛惜之情罢了。"

晏子说："您错了！征收那么重的赋税而不把它投入到民众身上，却浪费财物来满足君王您对宠物的喜爱私欲，轻视小民的忧愁，那么国家还能兴旺吗？况且孤苦老弱者受冻挨饿，而死狗却有祭品；鳏（guān）夫寡妇得不到抚恤，而死狗却有棺材。如果齐国百姓听说此事，必然会怨恨我们的君王；各国诸侯如果听说了，必然轻视我们的国家。而您竟然认为是小事，您好好想想吧。"

景公说："说得好。"便催促厨师把狗煮了，用来宴请左右臣属。

第2单元 《墨子》选读

导读

墨子（公元前468—前378年），战国初期思想家，墨家学派的创始人。墨子在政治上提出了“兼爱”“非攻”“尚贤”“尚同”“节用”“节葬”“非乐”等主张。他认为只要大家“兼相爱，交相利”，社会上就没有强凌弱、贵傲贱、智诈愚和各国互相攻伐的现象了。墨子主张任人唯贤，反对任人唯亲，主张“官无常贵，而民无终贱”。

《墨子》是战国时期墨家学派的著作总集，是由墨子的弟子及其后学在不同时期记述编纂而成。据《汉书·艺文志》记载，《墨子》原有七十一篇，而流传至今的仅十五卷五十三篇，佚失十八篇。《墨子》一书思想非常丰富，其中政治、伦理、哲学、逻辑和军事思想都比较突出。

第7课 《亲士》选读

点拨

本课选自《墨子·亲士》，强调亲近和任用贤良的人，才能成就霸业，治理好国家。本文以晋文公、齐桓公、越王勾践为例，说明一时亡国之辱并不可怕，只要能发现并任用国中贤能之人，就能重新建立霸业。

入国而不存其士，则亡国矣。见贤而不急，则缓其君矣。非贤无急，非士无与虑国。缓贤忘士，而能以其国存者，未曾有也。

昔者文公出走而正天下，桓公去国而霸诸侯，越王勾践遇吴王之丑，而尚摄中国之贤君。三子之能达名成功于天下也，皆于其国抑而大丑也。太上无败，其次败而有以成，此之谓用民。

吾闻之曰："非无安居也，我无安心也；非无足财也，我无足心也。"是故君子自难而易彼，众人自易而难彼。君子进不败其志，内究其情，虽杂庸民，终无怨心，彼有自信者也。是故为其所难者，必得其所欲焉；未闻为其所欲，而免其所恶者也。

译文

治理国家而不关心士人，国家就要灭亡。发现贤人而不急于任用，那么贤人就会怠慢他们的君主。不把任用贤人作为急迫的事情，就没有贤士和自己谋划国事。怠慢贤士，却能够使国家长治久安的，是从来没有过的。

从前，晋文公出逃避难而最终能够成为天下盟主，齐桓公逃离国家而最终能够称霸于诸侯，越王勾践遭受吴王羞辱，却仍然能够成为威慑中原的贤能君主。这三位君主之所以能够取得成功，扬名于天下，都是因为他们在国家中能够忍受奇耻大辱。最上等的是从不失败，其次是失败以后仍然能够有所成就，这就是能够任用人。

我曾听说过："我不是没有安适的住处，而是自己没有安定之心；不是没有足够的财富，而是我怀着无法满足的心。"所以君子严以律己，宽以待人，而一般人则宽以律己，严以待人。君子上进的时候，不改变他的志向，不得志时，独善其身，即使杂处于庸众之中，也始终没有怨恨之心，那就是有自信的人。所以凡事能从难处做起，就一定能够实现自己的志向；还没有听说只做自己喜欢的事情，却能避免他所厌恶的结果的。

趣读

公孟子问君子服饰与作为

公孟子头戴礼帽，腰插笏（hù）板，身穿儒服来见墨子。他问墨子说："君子应该先讲究服饰再有所作为，还是先有所作为再讲究服饰呢？"墨子说："作为不在于服饰。"公孟子便问："先生何以知之？"

墨子回答说："从前齐桓公头戴高帽，腰系宽带，身佩金剑木盾治国，国家得到了治理。晋文公穿粗布衣服，身佩牛皮挂剑治国，国家也得到了治理。楚庄王头戴镶着带子的帽子，身穿深红色的宽大衣袍治国，国家同样得到了治理。越王勾践剪去头发，在身上文上花纹来治理他的国家，国家依然得到了治理。这四位国君的服饰不一样，但他们的作为是一样的。因此我知道君子有无作为不在于服饰。"

公孟子赞叹道："好啊！请让我放下笏板、换掉礼服，再来见您怎么样呢？"墨于说："请您就像现在这样相见好了。如果一定要放下笏板、换掉礼服再来相见，那么有无作为就果然是在于服饰了。"

第8课 《七患》选读

点拨

本课选自《墨子·七患》。《七患》主要分为两大部分，选文为第一部分，详细讲述了造成国家灾难的七种祸患。墨子认为有此七种情况存在，则国家必危必亡，故称为“七患”。

子墨子曰：国有七患。七患者何？城郭沟池不可守，而治宫室，一患也；边国至境，四邻莫救，二患也；先尽民力无用之功，赏赐无能之人，民力尽于无用，财宝虚于待客，三患也；仕者持禄，游者爱佼（jiāo），君修法讨臣，臣慑而不敢拂，四患也；君自以为圣智而不问事，自以为安强而无守备，四邻谋之不知戒，五患也；所信者不忠，所忠者不信，六患也；畜种菽粟（shū sù）不足以食之，大臣不足以事之，赏赐不能喜，诛罚不能威，七患也。以七患居国，必无社稷；以七患守城，敌至国倾。七患之所当，国必有殃。

译文

墨子说：国家的祸患有七种。这七种祸患是什么呢？城墙和护城河不足以守卫国家，却修建宫室，这是第一患；敌国军队压境，四周盟友都不赶来相救，这是第二患；用尽百姓力量来做没有用的工程，赏赐那些没有才能的人，百姓的力量被用尽在无用的事情上，财宝因为待客而空虚无存，这是第三患；做官的人只关注俸禄，游谈的人只图结交朋友，君主制定法令来讨伐臣民，臣民因为害怕而不敢违背，这是第四患；君主自以为圣明有智慧而遇事不询问大臣的意见，自以为国家安定强大而不知防守，被周围的国家算计侵伐却不知道戒备，这是第五患；所信任的人不忠于自己，忠诚的人却得不到信任，这是第六患；种植和储备的粮食不够食用，大臣不足以处理国事，赏赐不能让人感到欢喜，惩罚也不能让人感到威慑，这是第七患。国家中要是有了这七种祸患，必定会灭亡；守城要是存在这七种祸患，敌军到来国家就会倾覆。这七种祸患存在于哪个国家，哪个国家就必有灾祸。

趣读

墨子与公孟子“行善”之辩

公孟子对墨子说：“真正行善的人，谁不知道呢？就好像高明的巫师，在家里不出来也有许多粮食吃；就比如美女，在家里不出来，人们也争着去追求。到处去炫耀的反而没有人要娶她了。现在你到处向人游说，多辛苦啊！”

墨子说：“现在世道混乱，追求美女的人很多，美女即使不出来，也有很多人追求她；现在追求行善的人少，不努力去游说，就没有人会知道。有两个善于占卜的人，一个到处游走为人占卜，一个人蹲在家里不出来。到处游走和蹲在家里为人占卜的人，谁得到的粮食多呢？”

公孟子回答说：“到处游走给人占卜的人得到的粮食多。”

墨子便说：“同样的，如果两个人同样施行仁义，到处行走游说的人功业和善行也多，那为什么不到处行走去游说呢？”

第9课 《贵义》选读

点拨

本课选自《墨子·贵义》。《贵义》以语录体形式记载墨子与他人的对话，论述的中心多在于“义”。本课为本篇章的开端，提出“万事莫贵于义”，一切行为都要合于“义”，认为“义”本身是绝对正确的，若不能行义，只能咎于自己，而不能“排其道”。

子墨子曰：“万事莫贵于义。今谓人曰：‘予子冠履，而断子之手足，子为之乎？’必不为，何故？则冠履不若手足之贵也。又曰：‘予子天下而杀子之身，子为之乎？’必不为，何故？则天下不若身之贵也。争一言以相杀，是贵义于其身也。故曰：万事莫贵于义也。”

子墨子自鲁即齐，过故人，谓子墨子曰：“今天下莫为义，子独自苦而为义，子不若已。”子墨子曰：“今有人于此，有子十人，一人耕而九人处，则耕者不可以不益急矣。何故？则食者众而耕者寡也。今天下莫为义，则子如劝我者也，何故止我？”

译文

墨子说："一切事物没有比道义更可贵的了。现在对别人说：'给你帽子和鞋子，却要斩断你的手脚，你愿意这样吗？'一定不愿意，为什么呢？因为帽子和鞋子不像手脚那么珍贵。又说：'给你天下，然后把你杀死，你愿意吗？'一定不愿意，为什么呢？因为天下也比不上自己的生命可贵。为了争论一句话而互相厮杀，这就是把道义看得比生命更为可贵。所以说：一切事物没有比道义更可贵的了。"

墨子从鲁国到齐国去，去探望一位老朋友，老朋友对墨子说："现在天下没有人追寻道义，你独自苦苦地追寻道义，你不如停止吧。"墨子说："现在有一个人，有十个儿子，只有一个人耕作而九个人都闲居，那么耕作的人就不能不更加努力。这是什么原因呢？那是因为吃饭的人多而耕作的人少。现在天下没有人追寻道义，那么你应该勉励我，怎么反而阻止我呢？"

趣读

墨子与巫马子论兼爱

巫马子对墨子说："您兼爱天下，也没得到什么利益；我不爱天下，也没什么损害。对天下爱与不爱都没有产生什么效果，您怎么能认为只有您对而我不对呢？"

墨子说："现在有人在这里放火，一个人拿着水要灭火，一个人拿着火要助长火势，也都还没有产生什么后果，你更赞同二人中的哪一个呢？"

巫马子说："我认为那个拿着水灭火的人的用意是对的，而那个拿着火助长火势的人的用意是不对的。"

墨子说："我觉得自己兼爱天下，就是以水灭火，所以认为我的用意是对的；而你不爱天下，就是助长恶行，所以我认为你的用意是不对的。"

第10课　《兼爱》上篇选读

点拨

本课选自《墨子·兼爱》。《兼爱》分为上、中、下三篇。兼爱是墨子的重要思想之一，就是要人们爱别人就像爱自己，对待别人就像对待自己，没有任何区别地相亲相爱。选文是《兼爱》上篇的最后一层，是针对人们不相爱的情况提出的补救办法，要人们“兼相爱”，从而使天下得到治理。

若使天下兼相爱，爱人若爱其身，犹有不孝者乎？视父兄与君若其身，恶（wū）施不孝？犹有不慈者乎？视弟子与臣若其身，恶施不慈？故不孝不慈亡（wú）有。犹有盗贼乎？故视人之室若其室，谁窃？视人身若其身，谁贼？故盗贼亡有。犹有大夫之相乱家、诸侯之相攻国者乎？视人家若其家，谁乱？视人国若其国，谁攻？故大夫之相乱家、诸侯之相攻国者亡有。若使天下兼相爱，国与国不相攻，家与家不相乱，盗贼无有，君臣父子皆能孝慈，若此则天下治。故圣人以治天下为事者，恶得不禁恶而劝爱？故天下兼相爱则治，交相恶则乱。故子墨子曰：不可以不劝爱人者，此也。

译文

假使天下都能相亲相爱，爱别人就像爱自己，还能有不孝顺的人吗？看待父亲兄弟和君主就像看待自己一样，又怎么会做不孝顺的事情呢？还会有不慈爱的人吗？看待弟弟和臣子就像看待自己，又怎么会做不慈爱的事情呢？所以不孝顺不慈爱的事情就没有了。这样怎么还会有盗贼呢？所以看待别人的家就像看待自己的家，谁还会去偷窃？看待别人的身体就像看待自己的身体，谁还会去伤害别人？所以害人的事就没有了。这样还会有大夫间相互侵害、诸侯间相互攻伐的吗？看待别人的家族就像自己的家族，谁还会制造混乱？看待别人的国家就像自己的国家，谁还会去攻伐？所以大夫相互扰乱封地、诸侯相互攻伐的情况就没有了。假使天下的人都相亲相爱，国家与国家之间互相不再攻伐，封地和封地不相互扰乱，没有盗贼，君臣父子都能孝顺慈爱，如果这样，天下就能得到治理。所以圣人以治理天下为自己的事业，怎么能不禁止相互厌恶而劝导相爱呢？因为天下人彼此相爱就会得到治理，相互厌恶就会变得混乱。所以墨子说：不能不劝导人彼此相爱，就是这个道理。

趣读

墨子驳巫马子非兼爱论

巫马子对墨子说："我和你不一样，我不能做到兼爱。我爱邹人超过越人，我爱鲁人超过邹人，我爱我的乡人超过鲁人，我爱我的家人超过我的乡人，我爱我的双亲超过家人，我爱自己超过双亲，因为我和自己最亲近。打我就痛，打别人我就不痛，我为什么不除去自己的疼痛，反而去解除与自己无关的别人的疼痛呢？所以我只会杀别人来让自己得利，不会杀自己来使别人得利。"

墨子说："你的道义想要藏起来呢，还是想要告诉别人呢？"

巫马子说："我为什么要藏起我的道义呢？我要告诉别人。"

墨子说："既然这样，那么一个人喜欢你的主张，就有一个人要杀掉你来使他自己得利；十个人喜欢你的道义，就有十个人想要杀掉你来使他得到利益；天下人都喜欢你的道义，天下人就都想杀掉你来使他们得到利益。一个人不喜欢你的主张，就有一个人想要杀掉你，认为你散布不祥言论；十个人不喜欢你的主张，就有十个人想要杀掉你，认为你散布不祥言论；天下人不喜欢你的主张，天下人就都想要杀掉你，认为你散布不祥言论。喜欢你的言论要杀掉你，不喜欢你的言论也要杀掉你，那你会常常招致杀身之祸。由此可见，你的言论有什么益处呢？如果没有益处还要说，就是信口胡言。"

第3单元 《孙子兵法》选读

导读

孙武（公元前545—前470年），字长卿，春秋末期齐国乐安人，著名军事家、政治家，被后人尊称“兵圣”，被誉为“百世兵家之师”“东方兵学鼻祖”。

公元前532年齐国内乱后，孙武毅然来到南方的吴国，潜心钻研兵法，著成兵法十三篇。公元前512年，经吴国谋臣伍子胥多次推荐，孙武带上他的兵法十三篇觐（jìn）见吴王。孙武见解独特深邃，引起了一心图霸的吴王深刻共鸣，并当面试验了孙武的军事才能，于是任命孙武为将军。公元前506年，吴楚大战，孙武指挥吴国三万之师，千里奔袭楚国，五战五捷，直捣楚都，创造了中国军事史上以少胜多的奇迹，为吴国立下了卓著战功。

《孙子兵法》是中国古典军事文化遗产中的璀璨瑰宝，是中国优秀传统文化的重要组成部分，是世界三大兵书之一（另外两部是：克劳塞维茨《战争论》，宫本武藏《五轮书》）。其内容博大精深，逻辑缜密严谨，是中国现存最早、最完整、最系统的兵书。

第11课 《作战》选读

点拨

本课选自《孙子兵法·作战》篇，主要从战争对人力、物力、财力的依赖关系出发，论述了“持久作战”会给国家带来危害的观点，提出了“兵贵胜，不贵久”的军事思想。

孙子曰：凡用兵之法，驰车千驷（sì），革车千乘（shèng），带甲十万，千里馈粮，则内外之费，宾客之用，胶漆之材，车甲之奉，日费千金，然后十万之师举矣。

其用战也胜，久则钝兵挫锐，攻城则力屈，久暴师则国用不足。夫钝兵挫锐、屈力殚（dān）货，则诸侯乘其弊而起，虽有智者，不能善其后矣。故兵闻拙速，未睹巧之久也。夫兵久而国利者，未之有也。故不尽知用兵之害者，则不能尽知用兵之利也。

善用兵者，役不再籍，粮不三载。取用于国，因粮于敌，故军食可足也。

译文

孙子说：凡兴兵作战，需要出动轻车千辆，重车千乘，兵士十万，千里迢迢运送粮食。这样一来内外的各种开支，招待宾客的费用，物资器材，战车、甲胄的供给等，每天要花费千金，之后十万大军方能出兵作战。

用这样庞大的军队作战务求速胜，持久就会使军队疲惫，锐气挫伤，攻城就会耗尽兵力，军队长期在外作战，必然会导致国家财用不足。如果军队疲惫不堪、锐气受挫、军队实力耗尽、国内物资枯竭，那么诸侯国就会乘机向我国发起进攻，即使有智谋之士也无法挽救如此危局。所以在实际作战中只听说过宁拙而求速胜，没见过求巧而久拖战事的。战争旷日持久而对国家有利的，从来没有过。所以，不完全了解用兵危害的将领，就不能全部了解用兵的益处。

善于用兵的人，不用再三从国内征兵，不用再三从国内运粮。武器装备由国内供应，从敌人那里夺取粮食，这样，军队的粮草就可以充足了。

趣读

齐威王问孙膑用兵之法

齐威王请教孙膑用兵的方法：“两军旗鼓相当，双方将领相互观望，彼此阵势都很坚固，谁也不敢率先采取行动，该怎么办呢？”

孙膑回答说：“用轻装便捷的小部队去试探一下敌方，让勇敢而低级的军官去率领这支部队，要做好试探失败的准备，不要只想着取胜。试探的小部队要用隐蔽的战阵冲击一下敌方的侧翼。这就是想取得重大胜利的方法。”

威王问道：“使用较多的兵力和使用较少的兵力作战有什么规律吗？”

孙膑回答说：“有。”

威王问道：“我方战斗力强而敌方战斗力弱，我方兵员多而敌方兵员少，应该怎样用兵呢？”

孙膑向威王拜了两次后说：“这是圣明的君主提出的问题。既然兵员很多而且战斗力很强，还要问用兵的方法，这是使国家长治久安的做法。这种情况下可以采用诱敌之计，这样的做法叫作‘赞师’。故意使我方军队的阵列显得混乱，用来迎合敌人求胜的意向，敌人就必然会出来作战。”

威王又问：“敌方战斗力强，我方战斗力弱，应该怎样用兵呢？”

孙膑回答说：“这种情况下的用兵叫作‘让威’。一定要把后面的部队隐蔽好，使他们能随时撤退。把长柄兵器配置在前面，把短柄兵器配置在后面，再准备一些流动的弩兵，在危急的时候能来援救。要按兵不动，以等待敌人暴露真实情况。”

第12课 《形》选读

点拨

本课选自《孙子兵法·形》篇，主要介绍战争中客观、经常、易见的诸多因素。本课介绍军事实力和战略战术的谋划，善战者首先是创造出不被敌人打败的条件，然后再伺机打败敌人。

孙子曰：昔之善战者，先为不可胜，以待敌之可胜。不可胜在己，可胜在敌。故善战者，能为不可胜，不能使敌之可胜。故曰：胜可知而不可为。

不可胜者，守也；可胜者，攻也。守则不足，攻则有余。善守者藏于九地之下，善攻者动于九天之上，故能自保而全胜也。

译文

孙子说：以前善于用兵作战的人，总是首先创造自己不可战胜的条件，然后等待可以战胜敌人的机会。不被敌人战胜的主动权掌握在自己手中，能否战胜敌人，在于敌人是否给以可乘之机。所以，善于作战的人能做到自己不被敌人战胜，却不能做到使敌人一定会为我所胜。因此说，胜利可以预见，但在条件不具备的情况下不能强为。

当敌人不能战胜时，应采取防守的战术；当可以乘机战胜敌人时，就采取进攻的战术。采取防守是因为我方兵力不足，采取进攻是因为我方兵力有余。善于防守的，把自己的兵力隐藏在深不可测的地方，善于进攻的，就像部队从高不可及的天空而降，因此能既保全自己又获得全胜。

趣读

逄（páng）丑父智救顷公

齐顷公十年（公元前589年），齐国派兵攻打鲁国、卫国。鲁、卫两国抵挡不了齐军的进攻，就向晋国求救。晋侯派郤（xì）克、韩厥等人为将，率八百乘战车去援救鲁国和卫国。

六月十七日，两军摆开了作战阵势。邴（bǐng）夏为齐顷公驾车，顷公的侄子逄丑父作为车右。

由于齐顷公轻敌，被晋军打得大败。晋军追赶齐军，绕了华不注山三圈。晋国大将韩厥紧紧跟住齐顷公的战车不放。逄丑父见形势危急，趁韩厥不注意的时候，乘机与齐顷公换了位置和衣服。将要到达华泉时，逄丑父驾车的马被树木绊住而不能行走，被后面的韩厥追上了。

逄丑父以主将的身份命令齐顷公下车到华泉取水。因为韩厥不认识齐顷公，误把逄丑父当作了齐顷公。这时郑周父驾着副车赶到华泉，载上齐顷公逃走而免于被俘。

韩厥把逄丑父俘虏了，并把他当齐顷公献上，被郤克认了出来。郤克得知逄丑父冒充齐顷公骗了韩厥，使齐顷公脱身逃走的真相后，非常恼火，下令杀掉逄丑父。逄丑父喊道："到现在为止还没有能代替国君受难的人，如今就有一个在这里，还要被杀吗？"郤克说："一个人能用死来使国君免于祸患，杀他，不吉利。赦免他，用来勉励侍奉国君的人吧。"于是就赦免了逄丑父。

第13课 《军争》选读

点拨

本课选自《孙子兵法·军争》篇，主要介绍作战双方如何争夺战场上的主动权。本课文中孙武认为要想夺得战场上的主动权，必须故意迂回绕道，并用小利把敌人引诱到别的方向去，然后倍道兼行，出敌不意。

孙子曰：凡用兵之法，将受命于君，合军聚众，交和而舍，莫难于军争。军争之难者，以迂为直，以患为利。故迂其途而诱之以利，后人发，先人至，此知迂直之计者也。

故军争为利，军争为危。举军而争利，则不及；委军而争利，则辎重捐。是故卷甲而趋，日夜不处，倍道兼行，百里而争利，则擒三将军。劲者先，疲者后，其法十一而至。五十里而争利，则蹶上将军，其法半至。三十里而争利，则三分之二至。是故军无辎重则亡，无粮食则亡，无委积则亡。

故不知诸侯之谋者，不能豫交；不知山林、险阻、沮泽之形者，不能行军；不用乡导者，不能得地利。

译文

孙子说：大凡用兵的方法，从将帅接受国君的命令，征集民众、组织军队，到同敌人对阵，这中间，没有比率先争得制胜先机更难的事了。要想争得制胜的先机，最困难的莫过于把迂回曲折的弯路变为捷径，把不利的条件转变为有利的条件。所以用迂回绕道的方法，再用小利引诱敌人，就能比敌人后出发而抢先占领阵地，这就是懂得了“以迂为直”的道理。

军争有有利的一面，军争也有危险的一面。如果全军带着所有辎重去争利，就不能及时到达预定位置；如果丢弃辎重轻装去争利，装备辎重就会遭到重大损失。所以卷甲快速前进，日夜不息，加倍地急行军，奔跑百里去争利，三军的将领就可能会被敌方俘获。强壮的士兵先到达，疲弱的士兵掉了队，采用这种方法，只会有十分之一的兵力赶到；走五十里去争利，上军的将领会受挫折，其结果只会有半数的兵力赶到；走三十里去争利，其结果也只会有三分之二的兵力赶到。因此，部队没有辎重就会失败，没有粮食供应就不能生存，没有物资储备就无法坚持作战。

所以，不了解诸侯列国的战略企图，就不能与之交战；不熟悉山林、险阻、沼泽等地形，就不能行军；不使用向导，就不能有效地利用地形。

趣读

官渡之战

建安五年（200年），曹操和袁绍在官渡爆发了一场决定性大战。当时北方割据势力以袁绍最大，曹操次之，两大势力决战是势所必然的。袁绍有军队数十万，占地面积又大，但不得人心。曹操能用于对抗袁绍的军队仅三四万，但甚得民心，而且汉献帝在他手中，可以“挟天子以令诸侯”。

二月，袁绍遣谋士郭图、大将颜良直扑白马东郡太守刘延，自己亲率大军驻屯黎阳。曹操采用声东击西的战略，兵向延津，袁绍派兵增援。曹操见袁绍中计，立即亲率轻骑直趋白马，关羽阵斩颜良，袁军大乱溃散。袁绍大怒，下令渡河追击曹操。在延津以南，曹操故意将辎重弃置路上，袁军纷纷抢夺。曹操乘机打败袁军，关羽杀掉了袁军大将文丑。

曹操尽管在白马、延津取得局部胜利，但敌强我弱的态势仍未根本改变，于是决定诱敌深入，主动撤退到官渡，以待有利时机。双方在官渡相持数月后，曹操出奇兵火烧乌巢，尽焚袁军粮草辎重，并趁机向袁军全力进攻，一举消灭袁军七万余人。袁绍和儿子袁谭率亲兵八百余骑逃过黄河。此一战役，曹操以少胜多，歼灭袁绍的主力，为统一北方奠定了基础。

第14课 《行军》选读

点拨

本课选自《孙子兵法·行军》篇，主要论述了行军作战、处置军队、判断敌情等几个问题。选文主要论述了行军驻地的选择方法。

孙子曰：凡处军相敌，绝山依谷，视生处高，战隆无登，此处山之军也。绝水必远水；客绝水而来，勿迎之于水内，令半济而击之，利；欲战者，无附于水而迎客；视生处高，无迎水流，此处水上之军也。绝斥泽，唯亟去无留；若交军于斥泽之中，必依水草而背众树，此处斥泽之军也。平陆处易而右背高，前死后生，此处平陆之军也。凡此四军之利，黄帝之所以胜四帝也。

凡军好高而恶下，贵阳而贱阴，养生而处实，军无百疾，是谓必胜。丘陵堤防，必处其阳而右背之，此兵之利，地之助也。

译文

孙子说：凡是部署军队和判断敌情时，应该注意，通过山地时要靠近有水草的溪谷，应该在居高向阳的地方驻扎，敌人占领高地时不要仰攻，这是在山地部署军队的原则。横渡江河以后，应在远离水流的地方驻扎；敌人渡水来战，不要在江河中迎击，而要在敌人部分已渡、部分未渡时发起攻击，这样最为有利；如果要与敌人决战，不要紧靠水边迎敌；要居高向阳，不要面迎水流，这是在江河地带部署军队的原则。通过盐碱沼泽地带时，要迅速离开，不要停留；如果在盐碱沼泽地带与敌军相遇，那就一定要占据靠近水草而背靠树林的地方，这是在盐碱沼泽地带部署军队的原则。在平原地带要选择平坦的地方设营，而右侧要依托高地，前低后高，这是在平原地带部署军队的原则。以上四种处置军队的好处，就是黄帝战胜其他四帝的重要原因。

大凡驻军都是喜欢干燥的高地，厌恶潮湿的洼地；重视向阳之处，避开阴暗之地；军队要驻扎在接近水草、地势较高的地方，将士百病不生，这样才会有战胜敌人的把握。在丘陵堤防地行军，一定要占领向阳的一面，并且背靠高地，这些对作战有利的条件，是得益于地形的辅助。

趣读

长平之战

秦、赵两军在长平对阵三年，廉颇根据敌强己弱、初战失利的形势，决定守而不攻，赵王为此屡次责备廉颇。

公元前262年，秦相应侯范雎派人携千金向赵国权臣行贿，散布流言说："秦国最怕赵国名将赵奢之子赵括，廉颇快要投降了。"赵王信以为真，很快派赵括替代廉颇为将，命他率兵击秦。

赵括上任之后，一反廉颇的部署，大批撤换将领，导致赵军战力下降。秦国大将白起采取后退诱敌、分割围歼的战法，命前沿部队担任诱敌任务，在赵军进攻时，佯败后撤，将主力配置在纵深区域构筑袋形阵地，另以精兵五千人，插入敌先头部队与主力之间，伺机割裂赵军。

八月，赵括在不明虚实的情况下，贸然进攻。秦军假意败走，赵军乘胜追至秦军壁垒。秦将白起早有准备，令两翼奇兵迅速出击，将赵军截为三段。赵军首尾分离，粮道被断，战势危急，只得筑垒壁坚守，以待救兵。秦王听说赵国的粮道被切断，征发十五岁以上男丁从军，倾全国之力与赵作战。

到了九月，赵兵已断粮四十六天，饥饿不堪，甚至自相杀食。赵括分兵四队轮番突围，终不能出。随后赵括亲率精兵出战，被秦军射杀。赵括军队大败，四十万士兵投降了秦将白起。

集部探珠

第1单元　寄情自然山水

第1课　始得西山宴游记（节选）

唐 · 柳宗元

点拨

柳宗元（773—819年），字子厚，河东人，唐宋八大家之一。本文是《永州八记》的第一篇。此文记叙了作者宴游西山的经过，描写了西山的“怪特”景色。

今年九月二十八日，因坐法华西亭，望西山，始指异之。遂命仆人，过湘江，缘染溪，斫（zhuó）榛莽，焚茅茷（fá），穷山之高而上。攀援而登，箕踞而遨，则凡数州之土壤，皆在衽（rèn）席之下。其高下之势，岈（xiā）然，洼然，若垤（dié），若穴。尺寸千里，攒蹙（cuán cù）累积，莫得遁隐。萦青缭白，外与天际，四望如一。然后知是山之特立，不与培塿（pǒu lǒu）为类。悠悠乎与颢（hào）气俱，而莫得其涯；洋洋乎与造物者游，而不知其所穷。引觞（shāng）

满酌，颓然就醉，不知日之入。苍然暮色，自远而至，至无所见，而犹不欲归。心凝形释，与万化冥合。然后知吾向之未始游，游于是乎始。故为之文以志。

译文

今年九月二十八日，我因坐在法华寺西亭，眺望西山，才发现它的奇特。于是命令仆人渡过湘江，沿着染溪，砍伐荆棘，焚烧乱草，一直到山顶才停下。我们随后攀援登上山顶，随意坐下观赏，附近几个州的土地，就全在我们的坐席之下了。地势高低不平，有的地形空阔，有的地势低洼，有的像小土堆，有的像洞穴。辽阔深远的景物尽收眼帘，千里之内的景物聚集、紧缩、累积在眼下，一览无余。青山和白水互相萦绕，远处与天边相接，向四面望去如同一体。登上山顶才知这座山的特别之处，与小土丘不是一个类别。辽阔浩渺啊与天地间的大气合一，而不能知晓它的边际；悠然自得啊和大自然交游，而不知它的尽期。于是我们拿起酒杯斟满酒，喝得东倒西歪地进入醉态，不知太阳下了山。灰暗的暮色，由远而至，直到看不见什么了还不想返回。我只觉得思想停止了，形体消散了，与自然界万物不知不觉地融为一体了。游过西山我才知以前不曾真正游赏过，真正的游赏是从这里开始的。所以我把这次西山之游写成文章以记载下来。

第2课　黄冈竹楼记（节选）

北宋·王禹偁

点拨

王禹偁（chēng）（954—1001年），字元之，济州钜野人。北宋诗人、散文家。本文是王禹偁于真宗咸平二年被贬为黄州刺史时所写的一篇文章。选文部分详细描述在竹楼上所能看到的江山胜景，表现出逍遥自在、遨游宇外的愿望。

黄冈之地多竹，大者如椽（chuán）。竹工破之，刳（kū）去其节，用代陶瓦，比屋皆然，以其价廉而工省也。

子城西北隅，雉堞圮（dié pǐ）毁，蓁莽荒秽。因作小楼二间，与月波楼通。远吞山光，平挹（yì）江濑（lài），幽阒（qù）辽敻（xiòng），不可具状。夏宜急雨，有瀑布声；冬宜密雪，有碎玉声。宜鼓琴，琴调和畅；宜咏诗，诗韵清绝；宜围棋，子声丁丁然；宜投壶，矢声铮铮然。皆竹楼之所助也。

公退之暇，被（pī）鹤氅（chǎng）衣，戴华阳巾，手执《周易》一卷，焚香默坐，消遣世虑。江山之外，第见风帆沙鸟，烟云竹树而已。待其酒力醒，茶烟歇，送夕阳，迎素月，亦谪居之胜概也。

译文

黄冈地区盛产竹子，大的粗得像椽子。竹工剖开它，刮去竹节，用来代替陶瓦，家家户户都用它盖房子，因为竹瓦既便宜又省工。

在月城（城外的套城）的西北角，女墙都塌毁了，草木丛生，荒芜污秽。我便在那块空地上盖了两间小竹楼，跟原有的月波楼接通。登上竹楼，眺望远山，山光尽收眼底，平视江中急流，清幽寂静，辽远开阔，实在无法一一描绘出来。夏天适宜听骤雨，小楼上有瀑布的轰鸣声；冬天适宜听密雪，小楼上有碎玉落地的沙沙声。适宜弹琴，琴声和谐流畅；适宜吟诗，诗韵清新绝俗；适宜下棋，棋盘上落子声丁丁悦耳；适宜投壶，箭投入壶里也铮铮动听。这些美妙的声音，都是竹楼给予的。

公事之外的闲暇时间，披着鹤氅衣，戴上华阳巾，手拿一卷《周易》，焚香默坐，消除世俗杂念。除了水色山光之外，只见风中白帆、沙洲鸥鸟、迷蒙烟云、苍苍竹树罢了。等到醉意全消，煮茶的烟火也熄了，我送走夕阳，迎来皓月，这也是谪居生活中的赏心乐事吧。

第3课　墨池记

北宋·曾巩

点拨

曾巩（1019—1083年），字子固，建昌军南丰人，北宋散文家、政治家。其文“古雅、平正、冲和”，位列唐宋八大家，世称“南丰先生”。本文着重阐明勤学苦练出才能的道理，是一篇寓意深长的“劝学篇”。

临川之城东，有地隐然而高，以临于溪，曰新城。新城之上，有池洼然而方以长，曰王羲之之墨池者，荀伯子《临川记》云也。羲之尝慕张芝，临池学书，池水尽黑，此为其故迹，岂信然耶？方羲之之不可强（qiǎng）以仕，而尝极东方，出沧海，以娱其意于山水之间。岂有徜徉（cháng yáng）肆恣，而又尝自休于此耶？

羲之之书，晚乃善；则其所能，盖亦以精力自致者，非天成也。然后世未有能及者，岂其学不如彼耶？则学固岂可以少哉！况欲深造道德者耶？

墨池之上，今为州学舍。教授王君盛恐其不章也，书“晋王右军墨池”之六字于楹间以揭之，又告于巩曰：“愿有记。”推王君之心，岂爱人之善，虽一能不以废，而因以及乎其迹耶？其亦欲推其事，以勉其学者耶？夫人之有一能，而使后人尚之如此，况仁人庄士之遗风余思，被于来世者如何哉？

庆历八年九月十二日，曾巩记。

译文

临川城的东面，有一个地势略微高一些的地方，下面临近一条溪水，叫作新城。新城的上面，有一个地势低洼的长方形水池，据说是王羲之的墨池，荀伯子的《临川记》上是这样说的。相传王羲之曾经仰慕张芝的书法，就在水池旁边练习写字，把一池清水全都染黑了，这就是他昔日的遗迹，难道真的是这样吗？正当王羲之不愿意勉强去做官的时候，就曾经遍游东方，泛舟出海，在山水之间享受精神上的快乐。难道他纵情游荡之间，曾经在这里休息过吗？

羲之的书法，到他晚年时就尤其精妙；这也是他用一生的精力才获得的，不是天生就有的。但是后世之人再也没有能够赶得上他的，岂不是因为他们学习书法比不上王羲之的刻苦勤奋吗？所以，勤学苦练的功夫怎么可以少呢！书法学习尚且如此，更不用说想要使道德修养达到很高的造诣了！

墨池的上面，现在是抚州州学的校舍，教师王盛先生害怕有人不知道墨池的来历，就写下了“晋王右军墨池”六个大字，并且把它高高地悬挂在校舍的两根柱子中间用以标明它，又告诉我说：“希望能做一篇文章记载它。”我推测王君的用意，难道是因为喜爱一个人的长处，即使只有一技之长也不愿让它废弃埋没，因而就推及而喜欢他的遗迹了吧？或许是他想要借推崇王羲之的书法事迹，用来勉励他的学生吧？一个人只有一技之长，就能使后代的人们推崇到如此地步，更何况是道德仁义、品行端正的人，他们留传下来的优良作风和好学思想，将会对后世的人们产生怎样的影响啊？

庆历八年九月十二日，曾巩记。

第4课　石钟山记（节选）

北宋・苏轼

点拨

苏轼（1037—1101年），字子瞻，号东坡居士，北宋眉州眉山人，北宋著名文学家、书法家。选文作者通过记叙探究“石钟山”得名的过程，说明凡事必须亲临实践、调查研究才能获得真相。

元丰七年六月丁丑，余自齐安舟行适临汝，而长子迈将赴饶之德兴尉，送之至湖口，因得观所谓石钟者。寺僧使小童持斧，于乱石间择其一二扣之，硿（kōng）硿然，余固笑而不信也。至其夜月明，独与迈乘小舟至绝壁下。大石侧立千尺，如猛兽奇鬼，森然欲搏人；而山上栖鹘（hú），闻人声亦惊起，磔（zhé）磔云霄间。又有若老人咳且笑于山谷中者，或曰："此鹳鹤也。"余方心动欲还，而大声发于水上，噌吰（chēng hóng）如钟鼓不绝。舟人大恐。徐而察之，则山下皆石穴罅（xià），不知其浅深，微波入焉，涵澹澎湃而为此也。舟回至两山间，将入港口，有大石当中流，可坐百人，空中而多窍，与风水相吞吐，有窾（kuǎn）坎镗鞳（táng tà）之声，与向之噌吰者相应，如乐作焉。因笑谓迈曰："汝识之乎？噌吰者，周景王之无射（yì）也；窾坎镗鞳者，魏庄子之歌钟也。古之人不余欺也！"

译文

元丰七年六月初九，我从齐安坐船到临汝去，大儿子苏迈将要去就任饶州德兴县的县尉，我送他到湖口，因而能够看到所说的石钟山。庙里的和尚让小童拿着斧头，在乱石中间选一两处敲打它，硿硿地发出声响，我只是笑笑却并不相信是这么回事。到了晚上月光明亮，我单独和苏迈坐着小船到断壁下面。巨大的山石倾斜地立着，有千尺之高，好像凶猛的野兽和奇异的鬼怪，阴森森地想要攻击人；山上宿巢的老鹰，听到人声也受惊飞起来，在云霄间发出磔磔声响。又有像老人在山谷中咳嗽并且大笑的声音，有人说这是鹳鹤。我正心惊想要回去，忽然巨大的声音从水上发出，声音洪亮像不断地敲钟击鼓。船夫很惊恐。我慢慢地观察，山下都是石穴和缝隙，不知它们有多深，细微的水波涌进那里面，水波激荡因而发出这种声音。船回到两山之间，将要进入港口，有块大石头正对着水的中央，上面可坐百十来个人，中间是空的，而且有许多窟窿，把清风吹起的水波吞进去又吐出来，发出窾坎镗鞳的声音，同先前噌吰的声音相互应和，好像音乐演奏。于是我笑着对苏迈说："你知道那些典故吗？那噌吰的响声，是周景王无射钟的声音，窾坎镗鞳的响声，是魏庄子歌钟的声音。古人把这座山命名石钟山没有欺骗我们啊！"

第5课　百丈山记（节选）

南宋·朱熹

点拨

朱熹（1130—1200年），字元晦（huì），号晦庵，晚称晦翁，江西省婺（wù）源人，南宋著名的理学家、思想家，世称朱子。他是孔子、孟子以来最杰出的儒学大师。百丈山是作者多年生活的地方。

登百丈山三里许，右俯绝壑，左控垂崖，垒石为磴（dèng），十余级乃得度。山之胜盖自此始。

循磴而东，即得小涧。石梁跨于其上。皆苍藤古木，虽盛夏亭午无暑气，水皆清澈，自高淙下，其声溅溅（jiān）然。度石梁，循两崖，曲折而上，得山门，小屋三间，不能容十许人。然前瞰涧水，后临石池，风来两峡间，终日不绝。门内跨池又为石梁，度而北，蹑石梯数级入庵。庵才老屋数间，卑庳（bì）迫隘（ài），无足观。独其西阁为胜。水自西谷中循石罅（xià）奔射出阁下，南与东谷水并注池中。自池而出，乃为前所谓小涧者，阁据其上流，当水石峻激相搏处，最为可玩。乃壁其后，无所睹。独夜卧其上，则枕席之下，终夕潺潺，久而益悲，为可爱耳。

译文

登上百丈山三里来路，向右边俯视是又深又险的山沟，路的左边靠着陡峭的山崖，路面是垒起来的石磴，上了十几个台阶才过去了这段险路。百丈山的胜景，从这里开始了。

顺着石磴往东走，遇到一条小涧。一座石桥横跨在它上面。两旁都是苍青色的藤条和古老的树木，即使是盛夏的正午，也没有一点热气，涧水全是清澈见底，从高处淙淙流下来。走过石桥，沿着两旁都是山崖的小路曲曲折折地登上去，遇到了一座寺院的大门，有三间小房子，连十来个人也容纳不下来。但是前面可以俯视涧水，大门的后面临着石池，风从两旁的山峡间吹来，整天不断。大门里边，又有一座石桥横跨在石池上。过了石桥往北走，踩着石梯，上几级就到了尼姑庵。尼姑庵仅有几间旧房子，房子又矮又窄，没有什么值得观看的地方。只有西阁美好。溪水从西面山谷中顺着裂缝从西阁下面飞奔流出，向南与东面山谷中的水一块注入石池中。水从石池中再流出来，就形成了前面所说的那条小涧，西阁坐落在它的上游，在激流和峻石相搏击的地方，最值得欣赏。后面是一座石壁，没有什么可看的。一个人晚上躺在西阁里面，整夜都能听到枕头和卧席下面潺潺的流水声，越听得时间长越感到悲哀，但也很有意思。

第6课　浣花溪记（节选）

明·钟惺

点拨

钟惺（1574—1624年），字伯敬，号退谷，湖广竟陵人，明代文学家，著有《隐秀轩集》。唐代诗人杜甫流亡寄居在成都浣花溪边，创作了大量的不朽诗篇。因此，这里就成了我国历史上著名的文学胜地。本文作者描写了浣花溪一带水光溪色的优美恬静。

出成都南门，左为万里桥。西折纤秀长曲，所见如连环、如玦（jué）、如带、如规、如钩，色如鉴、如琅玕（láng gān）、如绿沉瓜，窈然深碧、潆回城下者，皆浣花溪委也。然必至草堂，而后浣花有专名，则以少陵浣花居在焉耳。

行三四里为青羊宫，溪时远时近，竹柏苍然，隔岸阴森者尽溪，平望如荠，水木清华，神肤洞达。自宫以西，流汇而桥者三，相距各不半里。舁（yú）夫云通灌县，或所云“江从灌口来”是也。

人家住溪左，则溪蔽不时见；稍断则复见溪，如是者数处。缚柴编竹，颇有次第。桥尽，一亭树道左，署曰“缘江路”。过此则武侯祠。祠前跨溪为板桥一，覆以水槛，乃睹“浣花溪”题榜。过桥一小洲，横斜插水间如梭，溪周之，非桥不通，置亭其上，题曰“百花潭水”。由此亭还度桥，过梵安寺，始为杜工部祠。像颇清古，不必求肖，想当尔尔。石刻像一，附以本传，何仁仲别驾署华阳时所为也。

译文

出成都城南门，左边是万里桥。一条溪水向西折行，它细而美、长而弯，看起来像套连的玉环、像开口的佩玉、像带子、像圆规、像弯钩，水色像明镜、像碧玉、像浓绿色的瓜，幽深碧绿、在城下回旋着的，都是浣花溪水流聚的地方。然而一定要到草堂一带，才有“浣花溪”这一专门名称，这是杜甫的浣花故居在那儿的缘故。

行走三四里就到了青羊宫，溪流一会儿远，一会儿近，青竹翠柏郁郁葱葱，对岸浓荫森森一直延伸到溪的尽头，远远望去像一片荠菜，水光树色清幽而绚丽，使人表里澄彻，神清气爽。从青羊宫以西，溪流从三处地方汇合在一起，上面建有桥，彼此相隔都不到半里路。轿夫说通向灌县，或者这就是所谓“江从灌口来”的说法吧。

溪东面住有人家，这时溪身便被屋舍遮住，不能常常看见；稍有空缺溪水重又展现在眼前，像这样的情形有好几处。溪岸人家用树枝、竹条编扎成门户和篱墙，很是齐整。过了桥，路旁边立着一座亭子，题写着“缘江路”几个字。过了这里就到了武侯祠。祠前有一座木板桥跨越溪身，桥上有临水的栏杆覆围着，到此才看见题着“浣花溪”字样的匾额。过桥，是一片小小的陆地，像梭子那样横斜着插在水中，溪水四面环绕着它，没有桥便无法通行，小洲上面建造了一座亭子，题字为“百花潭水”。从这座亭子折回原路，走过桥经过梵安寺，这才到了杜工部祠。杜甫的像画得十分清朗古朴，不见得一定惟妙惟肖，但想来杜甫应当是这个模样。还有一块刻在碑石上的肖像，附着杜甫的传记，是通判何仁仲在代理华阳县令时所制作的。

第7课 游黄山日记（后）（节选）

明·徐弘祖

点拨

徐弘祖（1586—1641年），字振之，别号霞客，江苏江阴人。他是我国著名的地理学家，二十二岁即开始其三十余年艰苦的旅行生活，游历了华东、华北、东南沿海、云贵高原等十六个省区，写了大量日记。其幼子苦心收集世间流传抄本，辑录为《徐霞客游记》。本文主要记述作者于明朝万历四十六年（1618）九月初四日登天都峰所见到的黄山奇异美丽的景色。

初四日，十五里，至汤口。五里，至汤寺，浴于汤池。扶杖望朱砂庵而登。十里，上黄泥冈。向时云里诸峰，渐渐

透出，亦渐渐落吾杖底。转入石门，越天都之胁而下，则天都、莲花二顶，俱秀出天半。路旁一歧东上，乃昔所未至者，遂前趋直上，几达天都侧。复北上，行石罅（xià）中，石峰片片夹起；路宛转石间，塞者凿之，陡者级之，断者架木通之，悬者植梯接之。下瞰峭壑阴森，枫松相间，五色纷披，灿若图绣。因念黄山当生平奇览，而有奇若此，前未一探，兹游快且愧矣！

时夫仆俱阻险行后，余亦停弗上；乃一路奇景，不觉引余独往。既登峰头，一庵翼然，为文殊院，亦余昔年欲登未登者。左天都，右莲花，背倚玉屏风。两峰秀色，俱可手揽。四顾奇峰错列，众壑纵横，真黄山绝胜处！

译文

初四这天，我走了十五里路，来到汤口。又走了五里，到了汤寺，在汤池温泉里洗了澡。我拄着拐杖向着朱砂庵攀登。再行十里，登上黄泥冈。此时先前云雾笼罩着的那些山峰，渐渐地露出来了，也慢慢地落到我的手杖下面。转身进入石门峰，越过天都峰山腰下来，就望见了天都、莲花两峰的顶端，都秀丽地耸出半天之外。路旁有一条岔路向东直上，是我过去没到过的，于是向前直往上走，差不多到了天都峰侧面了。再往北上，走在大石缝里，石峰片片夹道而立；道路就在石峰间宛转延伸，遇到石头堵塞的地方就把它凿开，走到陡峭的地方就挖出台阶往上攀登，路断的地方就架木为桥通过，高悬的地方就树起梯子连接。上去后向下看陡峻的山谷气象阴森，枫树、松树夹杂着生长，五彩缤纷，灿烂得像图画锦绣。因此想到黄山算是我生平所看到的奇丽景色，但景色奇丽到这个程度，以前游山却未来探访，叫我既感到愉快，又觉得惭愧！

这时力夫和仆人们都因路险落在后面，我也想停下来不再向上攀登；可是一路上奇丽的景色，不觉又吸引着我一人独自向上攀登。登上峰顶时，看见一座小寺庙，檐角翘起，像小鸟张开翅膀似的立在那儿，这就是文殊院，也是我从前想登而没有登的地方。它的左边是天都峰，右边是莲花峰，背后靠着的是玉屏峰。天都、莲花两座山峰的秀丽景色，好像伸手就可以摘取。四周环顾，异山奇峰，交错排列，沟壑纵横，实在是黄山风景最美的地方！

第8课　记九溪十八涧

近代·林纾

点拨

林纾（1852—1924年），字琴南，号畏庐，福建闽县人，清及近代著名文学家。本文是1899年春作者与朋友游览杭州著名风景区——九溪十八涧时所写。

过龙井山数里，溪色澄然迎面，九溪之北流也。溪发源于杨梅坞。余之溯溪，则自龙井始。

溪流道万山中，山不峭而堑（qiàn），踵趾错互，苍碧莫辨途径。沿溪取道，东瞥西匿（nì），前若有阻而旋得路。水之未入溪，号皆曰涧。涧以十八，数倍于九也。

余遇涧即止。过涧之水，必有大石亘（gèn）其流。水石冲激，蒲藻交舞。溪身广四五尺，浅者沮（jù）洳（rù），由草中行；其稍深者，虽渟（tíng）蓄犹见沙石。

其山多茶树，多枫叶，多松。过小石桥，向安理寺路，石犹诡异。春箨（tuò）始解，攒动岩顶，如老人睎发。怪石折叠，隐起山腹，若橱，若几，若函书状。即林表望之，滃

（wěng）然带云气。杜鹃作花，点缀山路。岩日翳（yì）吐，出山，已亭午矣。

译文

过龙井山再走几里路，一股清凉澄澈的溪流映入眼帘，这是九溪北去的清流。溪水发源于杨梅坞。我沿这条溪流上行，是从龙井开始的。

溪流流经万山丛中，这些山并不陡峭却有很多沟壑，山脚相互交叉，树木丛生，茂盛苍翠，看不清上山的路径。沿着溪流找山路，看见东边又看不见西边，前面的路像是阻断了，走上去却发现有路。凡是水没有流进溪的都叫作涧，一共有十八条涧，正好比九条溪多一倍。

我往上走，遇到涧就停下细看。流过山涧的溪水，一定有大石块横阻在中间。流水和石块撞击，使水面的水草来回舞动。溪流宽有四五尺，水浅的地方是浅滩，水从草丛中流过去；稍深一点的地方，虽然水积得深，但还看得清水下的石子和沙底。

山上茶树多，枫树多，松树多。走过了小石桥，在通向安理寺路上，岩石更加怪异。春笋开始脱壳，在岩顶上随风摆动，像是老人稀疏的头发。怪石重重叠叠，在山腰隐现，有的像橱子，有的像桌子，有的像一函一函的书籍。向树林顶上望去，见淡淡地罩着云气。杜鹃花正盛开，点缀着山路。太阳一时被岩石遮住，一时又露面，我们走出山坳，已经是中午了。

第9课　宋定伯

西晋・张华

点拨

张华（232—300年），字茂先，范（è）阳方城人，西晋政治家、文学家。本文选自《列异传》，多说此书为张华作。书中叙鬼物神怪，情节曲折，细节逼真，颇有佳作。本文写宋定伯骗鬼、捉鬼、卖鬼的故事。

南阳宋定伯，年少时，夜行逢鬼。问之，鬼言："我是鬼。"鬼问："汝复谁？"定伯诳之，言："我亦鬼。"鬼问："欲至何所？"答曰："欲至宛市。"鬼言："我亦欲至宛市。"遂行数里。鬼言："步行太迟，可共递相担，何如？"定伯曰："大善。"鬼便先担定伯数里。鬼言："卿太重，不是鬼也！"定伯言："我新鬼，故身重耳。"定伯因复担鬼，鬼略无重。如是再三。

定伯复言："我新鬼，不知有何所恶（wù）忌？"鬼答言："唯不喜人唾。"于是共行。道遇水，定伯令鬼渡，听之了然无水音。定伯自渡，漕漼（cáo cuī）作声。鬼复言："何以有声？"定伯曰："新死，不习渡水，故尔。勿怪吾也。"行欲至宛市，定伯便担鬼著肩上，急执之。鬼大呼，声咋（zhà）咋然，索下。不复听之，径至宛市中。下著地，化为一羊，便卖之。恐其变化，唾之。得钱千五百，乃去。

当时有言："定伯卖鬼，得钱千五。"

译文

南阳的宋定伯年轻的时候，有一天夜里走路遇见了鬼。他问是谁，鬼说："我是鬼。"鬼问道："你又是谁？"宋定伯欺骗他说："我也是鬼。"鬼问道："你要到什么地方去？"宋定伯回答说："要到宛市。"鬼说："我也要到宛市。"他们一同走了几里路。鬼说："步行太慢，可以轮流相互背负，怎么样？"宋定伯说："太好了。"鬼就先背宋定伯走了几里路。鬼说："你太重了，恐怕不是鬼吧！"宋定伯说："我刚死，所以身体比较重。"轮到宋定伯背鬼，这个鬼几乎没有重量。他们就这样轮着背了好几次。

宋定伯又说："我是新鬼，不知道鬼害怕什么？"鬼回答说："只是不喜欢被人吐唾沫。"于是一起走。在路上遇到了河水，宋定伯让鬼先渡过去，听着它一点声音也没有。宋定伯自己渡过去，水哗啦啦地发出声响。鬼又说："为什么有声音？"宋定伯说："我刚刚死不久，不熟悉渡水，所以这样。请不要怪我。"快到宛市的时候，宋定伯便把鬼背在肩上，紧紧地抓住它。鬼咋咋地大声惊叫，恳求放它下来。宋定伯不再听它的话，把鬼一直背到宛市中。他刚把鬼放到地上，鬼就变成了一只羊，宋定伯便把它卖了。宋定伯担心鬼再有变化，就朝它身上吐唾沫。宋定伯得到一千五百文钱，才离开了宛县的集市。

当时有人说过这样的话："宋定伯卖鬼，得到了一千五百文钱。"

第10课　东海孝妇（节选）

东晋·干宝

点拨

干宝，字令升，东晋新蔡人，精通史学，著有《春秋序论》《搜神记》等。东海孝妇本名周青，因冤狱受死刑，上天为之感动。元代关汉卿在此基础上创作出了中国四大悲剧之一《窦娥冤》。

汉时，东海孝妇养姑甚谨。姑曰：“妇养我勤苦。我已老，何惜余年，久累年少？”遂自缢死。其女告官云：“妇杀我母。”官收系之，拷掠毒治。孝妇不堪苦楚，自诬服之。时于公为狱吏，曰：“此妇养姑十余年，以孝闻彻，必不杀也。”太守不听。于公争不得理，抱其狱词，哭于府而去。

自后郡中枯旱，三年不雨。后太守至，于公曰：“孝妇不当死，前太守枉杀之，咎当在此。”太守即时身祭孝妇冢，因表其墓。天立雨，岁大熟。

译文

汉朝时候，东海有孝妇，赡养婆婆非常尽心。婆婆说：“你赡养我辛勤劳苦。我老了，何必怜惜不多的年岁，为年轻的媳妇带来长久的累赘呢？”这位婆婆于是自缢而死。婆婆的女儿状告媳妇于官府：“这个妇人杀了我母亲。”狱吏逮捕了孝妇，严问拷打，孝妇不能忍受这样的痛苦，承认了不实之罪。于公当时为看管的狱吏，说：“这个孝妇赡养婆婆十余年，以孝名闻远近，一定不会杀她的婆婆。”太守并不听从。于公争辩，但没有什么结果，于是怀抱狱词，在官府上痛哭而去。

结果郡中枯旱，三年不下雨。新太守到任后，于公说：“孝妇不应当死，是前任太守冤枉错杀了她，灾祸的根源应该就在这里。”太守立刻亲自去孝妇坟墓祭奠，在她的墓前树碑以表彰其孝行。天立刻下大雨，这一年收成很好。

第11课　与韩荆州书（节选）

唐·李白

点拨

李白（701—762年），字太白，号青莲居士，唐代伟大的浪漫主义诗人。本文作于玄宗开元年间，是李白写给韩朝宗的自荐信。

白，陇西布衣，流落楚、汉。十五好剑术，遍干诸侯；三十成文章，历抵卿相。虽长不满七尺，而心雄万夫。皆王公大人许与气义。此畴曩（nǎng）心迹，安敢不尽于君侯哉？君侯制作侔（móu）神明，德行动天地，笔参造化，学究天人。幸愿开张心颜，不以长揖见拒。必若接之以高宴，纵之以清谈，请日试万言，倚马可待。今天下以君侯为文章之司命，人物之权衡，一经品题，便作佳士。而今君侯何惜阶前盈尺之地，不使白扬眉吐气、激昂青云耶？

昔王子师为豫州，未下车即辟荀慈明，既下车又辟孔文举。山涛作冀州，甄拔三十余人，或为侍中、尚书，先代所美。而君侯亦一荐严协律，入为秘书郎，中间崔宗之、房习祖、黎昕、许莹之徒，或以才名见知，或以清白见赏。白每观其衔恩抚躬，忠义奋发，白以此感激，知君侯推赤心于诸贤之腹中，所以不归他人而愿委身国士。倘急难有用，敢效微躯。

译文

我是陇西的一个平民，流落在楚地汉水一带。十五岁爱好剑术，曾到处拜见地方上的长官；三十岁精通了文章之道，多次拜谒朝中公卿。我身高虽不满七尺，而雄心在万夫之上。王公大臣都称许我的节操和义气。我从前的这些抱负与行事，怎敢不向您尽情吐露呢？君侯您的功业同神明相等，德行感动天地，文笔阐明自然化育的大道，学识透彻地探究了天道与人心。但愿您能推心置腹，不因为我只肯拱手相见就拒绝我的谒见。假如能用盛大的宴会来接待我，容我纵情畅论，即使写上万字长文，也能一挥而就。现在天下文士把您看作评定文章的权威，衡量人物的标准，一经您的品评，就成了德才兼备的人才。那您又何必爱惜庭阶前边那区区一尺之地，不让我扬眉吐气，振奋于青云直上呢？

过去王允到豫州做刺史，尚未到任就征用了荀慈明，到任后又聘用了孔文举。山涛任冀州刺史，考察提拔了三十多人，其中有的人被任命为侍中，有的人被任命为尚书，这些都受到了前人的赞美。而您也曾推荐过严协律进入朝廷做秘书郎，又引荐过崔宗之、房习祖、黎昕、许莹等人，他们有的以才华出众为您所知，有的以品格清白为您赏识。我看到他们发自内心感恩戴德，常常反省自己并为此奋发图强，我因此内心感动，了解君侯您是如何对他们推心置腹以赤诚相待了，所以不去依附他人，而愿意把自己托付给您。假如您有什么紧急艰难而有需要用我之处，我愿意献身为您效劳。

第12课　陆文学自传（节选）

唐·陆羽

点拨

陆羽（733—804年），字鸿渐，复州竟陵人，著《茶经》三篇，被誉为“茶仙”。他原是一个被遗弃的孤儿，为和尚积公收养抚育长大，不肯削发为僧，向往儒学。本文节选自作者自传，描述了积公和尚终于答应作者学习儒学的来龙去脉，其向学求道精神很是感人。

始三岁，惸（qióng）露，育于竟陵大师积公之禅院。自幼学属（zhǔ）文，积公示以佛书出世之业。予答曰：“终鲜兄弟，无复后嗣，染衣削发，号为释氏，使儒者闻之，得称为孝乎？羽将授孔圣之文可乎？”公曰：“善哉！子为孝，殊不知西方染削之道，其名大矣。”公执释典不屈，子执儒典不屈。公因矫怜无爱，历试贱务：扫寺地，洁僧厕，践泥圬墙，负瓦施屋，牧牛一百二十蹄。竟陵西湖无纸，学书以竹画牛背为字。他日问字于学者，得张衡《南都赋》，不识其字，但于牧所仿青衿小儿，危坐展卷，口动而已。公知之，恐渐渍（zì）外典，去道日旷，又束于寺中，令其芟（shān）翦榛莽，以门人之伯主焉。或时心记文字，懵（měng）然若有所遗，灰心木立，过日不作。主者以为慵惰，鞭之。因叹云岁月往矣，恐不知其书，呜咽不自胜。主者以为蓄怒，又鞭其背，折其楚乃释。因倦所役，舍主者而去，卷衣诣伶党，著《谑（xuè）谈》三篇，以身为伶正，弄木人、假吏、藏珠之戏。公追之曰：“念尔道丧，惜哉！吾本师有言，我弟子十二时中，许一时外学，令降伏外道也。以我门人众多，今从尔所欲，可捐乐工书。”

译文

陆羽才三岁就成了孤儿，被收养在竟陵大师积公的寺院里。从九岁开始学习写文章，积公给他看佛经及有关脱离世俗束缚的书籍。他回答说：“我既无兄弟，又无后代，穿僧衣，剃头发，号称为和尚，让儒家之徒听到这种情况，能称为孝吗？我将要接受孔圣人的文章，可以吗？”积公说：“好啊！你想当孝子，你根本不知道西方佛门的道理，那学问可大呢。”积公坚持让陆羽学佛教经典的主意不改变，陆羽也坚持学儒家经典不动摇。积公改变了对他的关怀爱护，用卑贱的工作对他进行考验：打扫寺院，清洁僧人的厕所，用脚踩泥涂抹墙壁，背瓦片盖屋顶，放三十头牛。竟陵西湖没有纸可以用来学习写字，陆羽用竹子在牛背上画着写字。有一天，他在一位读书人处得到张衡的《南都赋》，但不认识赋里的字，只得在放牧的地方模仿小学生，端正坐着展开书卷，只是嘴巴动作假装读书罢了。积公知道了这件事，唯恐陆羽受到佛经以外书籍的影响，离开佛教教义一天比一天远，又把他管束在寺院里，叫他修剪寺院芜杂丛生的草木，并让年龄大的徒弟管束他。有时陆羽心里记着书上的文字，精神恍惚像丢了什么一样，心如死灰，如木头站立，长时间不干活。看管的人以为他懒惰，用鞭子抽打他的背。陆羽因此感叹唯恐岁月流逝，不理解书，悲泣不能自禁。看管的人认为他怀恨在心，又用鞭子抽打他的背，直到手里的鞭子断了才停手。陆子因而厌倦受到的奴役，丢下看管他的头目而离去，卷起衣服投奔戏班，写了三篇《谑谈》，以自身为主要角色，表演木偶戏、假官戏和藏珠杂耍。积公追来对他说：“想你佛道丧失，可惜啊！我们的祖师说过，我的弟子十二个时辰，允许一个时辰学习佛教以外的知识，以降伏异教邪说。因我的弟子众多，现在顺从你的愿望，你可以抛掉这些戏文了。”

第13课　同学一首别子固

北宋・王安石

点拨

王安石（1021—1086年），字介甫，号半山，临川人，北宋著名的政治家、文学家，著有《王临川集》等。子固，为曾巩字。正之，为孙侔字。孙侔与王安石、曾巩是好友。本文是庆历年间，作者在读了友人曾巩写给他的《怀友》一文后所作。

江之南有贤人焉，字子固，非今所谓贤人者，予慕而友之。淮之南有贤人焉，字正之，非今所谓贤人者，予慕而友之。二贤人者，足未尝相过也，口未尝相语也，辞币未尝相接也。其师若友，岂尽同哉？予考其言行，其不相似者何其少也！曰：学圣人而已矣。学圣人，则其师若友必学圣人者。圣人之言行，岂有二哉？其相似也适然。

予在淮南，为正之道子固，正之不予疑也。还江南，为子固道正之，子固亦以为然。予又知所谓贤人者，既相似又相信不疑也。子固作《怀友》一首遗予，其大略欲相扳（pān）以至乎中庸而后已，正之盖亦尝云尔。夫安驱徐行，辚（lìn）中庸之庭而造于其室，舍二贤人者而谁哉？予昔非敢自必其有至也，亦愿从事于左右焉尔，辅而进之其可也。

噫！官有守，私有系，会合不可以常也。作《同学一首别子固》，以相警，且相慰云。

译文

长江之南有一位贤人，字子固，他不是当今世俗所说的那种贤人，我仰慕他并和他成了朋友。淮河之南有一位贤人，字正之，他也不是当今世俗所说的那种贤人，我也仰慕他并和他成了朋友。这两位贤人，足不曾相互往来，口不曾相互交谈，也没有相互交换过书信和礼物。他们的老师和朋友，难道都相同吗？我考察过他们的言行，他们彼此间的不同之处竟是那样少！我说：这是他们学习这些圣人的结果罢了。他们学习圣人，那么他们的老师和朋友必定也是学习圣人的。圣人的言行难道还会有什么两样吗？所以他们的相似也就是必然的了。

我在淮南，向正之谈起子固，正之不怀疑我的话。回到江南，向子固说起正之，子固也认为我的话很对。于是我又发现这些被人们视为贤人的人，不仅言行相似，又是互相信任的。子固写了一篇《怀友》送给我，文章的大意是说要互相援引，以期最后能达到中庸之道的境界，正之也曾经这样说过。像驾车缓缓地前行一样，逐渐走向中庸的门庭，然后升堂入室，达到中庸的最高境界，除了这两位贤人还有谁呢？我过去不敢说自己必能达到中庸的境界，却也愿意跟随着他们努力去做，在他们的帮助下朝着这个境界前进也是可能的。

唉，做官的有自己的职守，个人也有私事牵绊，我们朋友之间不能经常相聚。我写了这篇《同学一首别子固》，用它来互相鼓励，又互相安慰。

第14课　义田记（节选）

北宋·钱公辅

点拨

钱公辅（1021—1072年），字君倚，武进人，宋代诗人。“义田”本指官府建立以其收入救济灾民的田产，以私人之力建立义田并行之有效的，为数极少，而范仲淹为其宗族建立的义田，却做到了管理有方，所用合宜。钱公辅在这篇文章中，赞美范仲淹乐善好施的品格。

范文正公，苏人也。平生好施与，择其亲而贫、疏而贤者，咸施之。方贵显时，置负郭常稔（rěn）之田千亩，号曰“义田”，以养济群族之人。日有食，岁有衣，嫁娶凶葬皆有赡（shàn）。择族之长而贤者主其计，而时共出纳焉。日食，人一升；岁衣，人一缣（jiān）。嫁女者五十千，再嫁者三十千；娶妇者三十千，再娶者十五千；葬者如再嫁之数，葬幼者十千。族之聚者九十口，岁入给稻八百斛（hú），以其所入，给其所聚，沛然有余而无穷。屏而家居俟（sì）代者与焉，仕而居官者罢莫给。此其大较也。

初，公之未贵显也，尝有志于是矣，而力未逮者二十年。既而为西帅，及参大政，于是始有禄赐之入，而终其志。公既殁，后世子孙修其业，承其志，如公之存也。公虽位充禄厚，而贫终其身。殁（mò）之日，身无以为敛，子无以为丧，惟以施贫活族之义，遗其子而已。

译文

范文正公仲淹，是苏州府人。他平生乐善好施，挑选那些关系亲近却贫穷、疏远却贤明的人，给予周济。当初他显贵为高官的时候，购置了靠近城郭的常年有好收成的土地一千亩，称为“义田”，用来赡养接济同族的人。使他们天天有饭吃，年年有衣穿，嫁女儿、娶媳妇、遇灾祸、死后送葬等，都给予钱财。他推选同族里年龄大又有德行的人主持此事，按时支出收入。每天口粮，一人发一升米；每年衣服，一人发一缣衣。嫁女儿的，给五十贯钱，改嫁的给三十贯；娶媳妇的，给三十贯钱，续弦的给十五贯；办丧事的，给的钱和改嫁的数目一样，葬小孩的给十贯。住在一块儿的族人有九十口，每年收入八百斛稻谷，用这笔收入供给这群聚居的族人，让他们生活宽裕而不穷困。那些罢了官回乡闲居、等候任职的人，就给他们接济，外出做官有职位的，就停发供给。这是义田大概的情况。

当初，文正公还没有显达的时候，就曾有兴办义田的志愿，然而二十年来，他的经济力量一直没有达到。等他出任陕西经略安抚副使和参知政事，才开始有赏赐、俸禄的银两收进来，终于实现了他的愿望。文正公去世后，后代的子孙经营着他的产业，继承他的遗志，就像他在世时一样。文正公虽然官位很高，俸禄很优厚，但是他一生清贫。到死的时候，他家里没有钱装殓他，他的儿子没有钱办丧事，只是把布施穷人、养活亲族的道义，传给了他的子孙。

第15课　卖柑者言

元·刘基

点拨

刘基（1311—1375年），字伯温，处州青田人，元末明初军事家、政治家、文学家，明朝开国元勋。这是一篇著名的寓言性散文，作者借卖柑者之口，酣畅淋漓地揭露元末统治阶级的腐败，文臣武将“金玉其外，败絮其中”的实质。

杭有卖果者，善藏柑。涉寒暑不溃，出之烨（yè）然，玉质而金色。剖其中，干若败絮。予怪而问之曰：“若所市于人者，将以实笾（biān）豆，奉祭祀，供宾客乎？将衒（xuàn）外以惑愚瞽（gǔ）乎？甚矣哉，为欺也！”

卖者笑曰：“吾业是有年矣，吾赖是以食（sì）吾躯。吾售之，人取之，未闻有言，而独不足子所乎？世之为欺者不寡矣，而独我也乎？吾子未之思也。今夫佩虎符、坐皋比（pí）者，洸洸（guāng）乎干城之具也，果能授孙、吴之略耶？峨大冠、拖长绅者，昂昂乎庙堂之器也，果能建伊、皋之业耶？盗起而不知御，民困而不知救，吏奸而不知禁，法斁（dú）而不知理，坐糜廪粟而不知耻。观其坐高堂，骑大马，醉醇醴（chún lǐ）而饫（yù）肥鲜者，孰不巍巍乎可畏、赫赫乎可象也？又何往而不金玉其外、败絮其中也哉？今子是之不察，而以察吾柑！”

予默默无以应。退而思其言，类东方生滑稽之流。岂其忿世疾邪者耶？而托于柑以讽耶？

译文

杭州有个卖水果的人，擅长贮藏柑橘。经历一整年也不腐烂，拿出它们的时候还是光鲜的样子，玉石一样的质地，金灿灿的颜色。可是切开它，中间干枯得像破败的棉絮。我对此感到奇怪，责问他说：“你卖给别人的柑橘，是打算用来装满在盛祭品的容器中，祭祀祖先、招待宾客的吗？还是要炫耀它的外表用来欺骗傻子和瞎子呢？这样欺骗人的行为实在是太过分了！”

卖柑橘的人笑着说：“我从事这个行业已有好多年了，我依赖这个用来养活自己。我卖它，别人买它，不曾有人说过什么的，却唯独不能满足您吗？世上欺骗人的多了，难道只有我一个吗？只是您没有好好想过。当今那些佩戴虎形兵符、坐在虎皮椅上的人，威武的样子，好像是捍卫国家的将才，他们果真能拥有孙武、吴起的谋略吗？那些戴着高帽子、拖着长长带子的人，气宇轩昂地坐在朝堂之上，他们果真能够建立伊尹、皋陶的业绩吗？盗贼四起却不懂得抵御，百姓困苦却不懂得救助，官吏狡诈却不懂得禁止，法度败坏却不懂得治理，奢靡地浪费粮食却不懂得羞耻。看看那些坐在高堂上，骑着大马、喝着美酒、饱食鱼肉的人，哪一个不是威风凛凛、不可一世？可是又有谁不是外表如金似玉、内心破败得像破棉絮呢？你看不到这些现象，却只看到我的柑橘！”

我默默没有回答。回来思考这卖柑人的话，觉得他很像东方朔一类诙谐多讽、机智善辩的人物。难道他是对世间邪恶现象激愤痛恨之人，而假托柑橘来讽刺世事吗？

第16课　赞刘谐

明·李贽

点拨

李贽（1527—1602年），字宏甫，号卓吾，福建泉州人。明代思想家、文学家。本文尖锐地讽刺和批判了道学家们煞有介事地自我标榜为孔子的真正门徒，以及他们所宣扬的“天不生仲尼，万古如长夜”的论调，从而赞扬了刘谐的话是至理名言，也体现了李贽的反传统精神。

有一道学，高屐大履，长袖阔带，“纲常”之冠，“人伦”之衣，拾纸墨之一二，窃唇吻之三四，自谓真仲尼之徒焉。时遇刘谐。刘谐者，聪明士，见而哂（shěn）曰：“是未知我仲尼兄也。”其人勃然作色而起曰：“‘天不生仲尼，万古如长夜。’子何人者，敢呼仲尼而兄之？”刘谐曰：“怪得羲皇以上圣人尽日燃纸烛而行也！”其人默然自止。然安知其言之至哉！

李生闻而善，曰：“斯言也，简而当，约而有余，可以破疑网而昭中天矣。其言如此，其人可知也。盖虽出于一时调笑之语，然其至者百世不能易。”

译文

有一位道学先生，脚穿宽大而高底的木屐，身上的服饰长袖阔带，俨然以纲常为冠、以人伦为衣，从故纸堆里拣来了只言片语，又窃取到了一些陈词滥调，便自以为是真正的孔子信徒了。这时他遇见刘谐。刘谐，是一位聪明博学的才子，见了他微笑说：“这是因为你不知道我是孔子的兄长啊。”那位道学先生顿时生气地变了脸色，站起来说：“‘上天如果不降生孔子，世间就会千秋万代如在黑夜之中。’你是什么人，敢直呼孔子的名字而以兄长自居？”刘谐说：“怪不得羲皇以前的圣人都是整天点着纸烛走路啊！”那人无言答对。他又怎能理解刘谐一番话的深刻道理呢？

我李贽听说以后赞美道：“这句话，简明而恰当，概括性强而又启人思考，可以冲散云雾的遮蔽而使天空晴朗。他的言论这样，他的人品也就可以知道了。因为这虽然是出于一时的玩笑话，然而其中的深刻道理却是千百年不可改变的。”

第17课　徐霞客传（节选）

清·钱谦益

点拨

钱谦益（1582—1664年），字受之，号牧斋，学者称虞山先生。清初诗坛盟主之一。他是徐霞客的友人，文章扼要记述了徐霞客一生的游历。

徐霞客者，名弘祖，江阴梧塍（chéng）里人也。霞客生里社，奇情郁然，玄对山水；力耕奉母，践更徭役，蹙蹙（cù）如笼鸟之触隅，每思飏（yáng）去。年三十，母遣之出游。每三岁时出游，秋冬觐省（jìn xǐng），以为常。东南佳山水，如东西洞庭、阳羡、京口、金陵、吴兴、武林，浙西径山、天目，浙东五泄、四明、天台、雁宕、南海落迦（jiā），皆几（jī）案衣带间物耳。有再三至，有数至，无仅一至者。

其行也，从一奴或一僧，一杖、一襆（fú）被。不治装，不裹粮，能忍饥数日，能遇食即饱，能徒步走数百里。凌绝壁，冒丛箐（jīng），板援下上，悬度绠汲（gěng jí），捷如青猿，健如黄犊。以崟（yín）岩为床席，以溪涧为饮沐，以山魅、木客、王孙、玃（jué）父为伴侣。儚（méng）儚粥粥，口不能道词；与之论山经、辨水脉，搜讨形胜，则划然心开。居平未尝鞶帨（pán shuì）为古文辞，行游约数百里，就破壁枯树，燃松拾穗，走笔为记，如甲乙之簿，如丹青之画，虽才笔之士无以加也。

游台、荡还，过陈木叔小寒山。木叔问："曾造雁山绝顶否？"霞客唯唯。质明，已失其所在。十日而返，曰："吾取间（jiàn）道扪（mén）萝上龙湫（qiū），三十里，有宕（dàng）焉，雁所家也。板绝蹬上十数里，正德间白云、云外两僧团瓢尚在。复上二十余里，其颠罡（gāng）风逼人，有麋鹿数百群，围绕而宿。三宿而始下。"其与人争奇逐胜，欲赌身命，皆此类也。

译文

徐霞客名弘祖，是江阴梧塍里人。霞客生在乡里，却奇情充沛，十分喜欢山水；他种田侍奉老母亲，出钱请人代替服劳役，局促难熬，好像笼子里的鸟在碰撞笼壁，总想远走高飞。三十岁的时候，母亲打发他出游。从此每年春、夏、秋三季出外游历，秋冬之际回家探望母亲，成了惯例。东南地区美丽的山水，像东、西洞庭山、阳羡、京口、金陵、吴兴、武林，浙江西部的径山、天目山，浙江东部的五泄山、四明山、天台山、雁荡山、东海岸的落迦山，都简直是他书桌、衣带间的常见之物，说看就看。有去过两三次的，有的去过好多次，没有只去过一次的。

他出行，带着一个仆人或是一个和尚，拿一根手杖、一个包袱卷。不刻意整束行装，不带食物，能几天忍受饥饿，能遇到什么食物就吃什么食物，并能吃饱，能徒步跑几百里。他敢攀登陡峭的山壁，踏过丛生的竹林，上下攀援，吊住绳索在空中横渡山谷，身体敏捷得像是猿猴，健壮得像是牛犊。他把险峭的山崖作为床席，把溪流峡谷作为碗盆，把深山老林的奇禽异兽作为伙伴。这人看上去一副老实巴交的模样，不善于开口讲话；可一旦同他谈论起山水的来龙去脉，探讨起名胜古迹，那他会一下子兴致大发，打开了话匣。平常也未曾写过华丽的文章，但出游到几百里的地方，却能靠着破壁枯树，点燃松枝干穗，拿笔快速地记录，写出的东西好像是记得清清楚楚的账目，好像是高手画的美丽图画，即使是很会写文章的人也没法超过他。

游览天台山、雁荡山回来，在小寒山拜访陈木叔。陈木叔问他："可曾到过雁荡山的最高峰？"徐霞客不敢肯定回答。天刚亮，他人已经不见了。十天以后回来了，说："我从小道手拉藤条登上了大小龙湫，走过三十里，看到一个湖，是大雁住的地方。我踩着人迹罕至的山石小径又爬上十多里，正德年间白云、云外两位和尚的圆形草屋还坐落在那里。又爬过二十多里，山顶劲风逼人，有数以百计的麋鹿围绕着我住下，我一连住了三宿才下山。"他和别人在旅行探险上争奇斗胜，简直要豁出命来了，都是这类情况。

第18课　小港渡者

明·周容

点拨

周容（1619—1692年），字茂山，号躄（bì）堂，明末清初鄞（yín）县人。周容于诗文书画用工皆勤，时人谓之"画胜于文，诗胜于画，书胜于诗"。著有《春涵堂集》。这篇散文通过一件生活小事，验证了渡船工说的"徐行之尚开也，速进则阖"的这个欲速则不达的道理。

庚寅冬，予自小港欲入蛟川城，命小奚以木简束书从。时西日沉山，晚烟萦树，望城二里许，因问渡者尚可得南门开否？渡者熟视小奚，应曰：“徐行之尚开也，速进则阖（hé）。”予愠（yùn）为戏。趋行及半，小奚仆，束断书崩。啼未即起，理书就束，而前门已牡下矣。

予爽然思渡者言近道。天下之以躁急自败，穷暮而无所归宿者，其犹是也夫！其犹是也夫！

译文

顺治七年冬天，我从小港想要进入镇海县城，吩咐小书童用木板夹捆扎了一大叠书跟随着。当时西边的太阳已经落山，傍晚的烟雾萦绕在树梢，望着县城还有约莫两里路，因此问那摆渡的人我们到南门时它还开着吗？那摆渡的人仔细打量了小书童，回答说：“慢慢地走，城门还会开着，急忙赶路城门就要关上了。”我听了有些动气，认为他在戏弄人。快步前进刚到半路上，小书童摔了一跤，捆扎的绳子断了，书也散乱了。小书童哭着没有马上站起来，等到把书理齐捆好，前方的城门已经锁了。

我这时才恍然大悟，想来那摆渡的人说的话接近哲理。天底下那些因为急躁鲁莽给自己招来失败、弄得昏天黑地到不了目的地的人，大概就像这样吧！大概就像这样吧！

第19课　陈情表

西晋·李密

点拨

李密（224—287年），字令伯，犍（qián）为武阳人。曾任蜀国尚书郎。晋灭蜀后，晋武帝召他任职，他以祖母年老多病，无人奉养为由推辞，直到祖母去世后，才出任尚书郎、汉中太守等职。本文是李密写给晋武帝推辞官职的奏章，由陈述孤苦的身世入手，描述自己在奉亲和应诏之间的尴尬处境，从而申明无法应诏的原因。

臣密言：臣以险衅（xìn），夙遭闵凶。生孩六月，慈父见背；行年四岁，舅夺母志。祖母刘，愍（mǐn）臣孤弱，躬亲抚养。臣少多疾病，九岁不行，零丁孤苦，至于成立。既无伯叔，终鲜兄弟，门衰祚（zuò）薄，晚有儿息。外无期（jī）功强近之亲，内无应门五尺之童，茕茕孑（qióng jié）立，形影相吊。而刘夙婴疾病，常在床蓐（rù），臣侍汤药，未曾废离。

逮奉圣朝，沐浴清化。前太守臣逵，察臣孝廉，后刺史臣荣，举臣秀才。臣以供养无主，辞不赴命。诏书特下，拜臣郎中，寻蒙国恩，除臣洗马。猥以微贱，当侍东宫，非臣陨（yǔn）首所能上报。臣具以表闻，辞不就职。诏书切峻，责臣逋（bū）慢，郡县逼迫，催臣上道，州司临门，急于星火。臣欲奉诏奔驰，则以刘病日笃，欲苟顺私情，则告诉不许。臣之进退，实为狼狈。

伏惟圣朝以孝治天下，凡在故老，犹蒙矜育，况臣孤苦，特为尤甚。且臣少事伪朝，历职郎署，本图宦达，不矜名节。今臣亡国贱俘，至微至陋，过蒙拔擢（zhuó），宠命优渥（wò），岂敢盘桓，有所希冀？但以刘日薄西山，气息奄奄，人命危浅，朝不虑夕。臣无祖母，无以至今日；祖母无臣，无以终余年。母孙二人，更相为命，是以区区不能废远。臣密今年四十有四，祖母今年九十有六，是臣尽节于陛下之日长，报养刘之日短也。乌鸟私情，愿乞终养。

臣之辛苦，非独蜀之人士及二州牧伯所见明知，皇天后土，实所共鉴。愿陛下矜悯愚诚，听臣微志，庶刘侥幸，卒保余年。臣生当陨首，死当结草。臣不胜犬马怖惧之情，谨拜表以闻。

译文

臣李密陈言：我因命运不好，很早就遭遇了不幸。刚出生六个月，父亲就去世了；我四岁的时候，舅父强迫母亲改嫁。祖母刘氏，怜悯我年幼丧父，便亲自抚养。臣小的时候经常生病，到九岁时还不能走路，孤独无靠，一直到成人自立。既没有叔叔伯伯，又缺少兄弟，门庭衰微，福分浅薄，很晚才有儿子。外面没有关系密切的亲戚，家里又没有照应门户的童仆，生活孤单没有依靠，只有自己的身体和影子相互安慰。但祖母刘氏又早被疾病缠绕，常年卧床不起，我侍奉她吃饭喝药，从来就没有离开她。

到了晋朝建立，臣蒙受着清明的政治教化。先前有名叫逵的太守，推举臣为孝廉，后来又有名叫荣的刺史推举臣为秀才。臣因为供奉赡养祖母的事无人承担，没有接受任命。朝廷又特地下了诏书，任命我为郎中，不久又蒙受国家恩命，任命我为太子侍从。我凭借卑微低贱的身份，担当侍奉太子的职务，这实在不是我抛头捐躯所能报答的。我将以上情况上表报告，说明推辞不去就职的原因。但是诏书急切严峻，责备我怠慢不敬。郡县长官催促我立刻上路；州县的长官登门督促，比星火还要急迫。我很想奉旨为皇上奔走效劳，但祖母刘氏的病却一天比一天重，想要姑且顺从自己的私情，但报告申诉不被允许。我是进退两难，十分狼狈。

我想晋朝是用孝道来治理天下的，凡是年老而德高的旧臣，尚且还受到怜悯养育，何况我孤单凄苦的程度更为严重呢。况且我年轻的时候曾经做过蜀汉的官，担任过郎官职务，本来就希望做官显达，并不顾惜名声节操。现在我是一个低贱的亡国俘虏，十分卑微浅陋，受到过分提拔，恩宠优厚，怎敢犹豫不决而有非分的企求呢？只是因为祖母刘氏如迫近西山的残阳，气息微弱，生命垂危，朝不保夕。我如果没有祖母，就无法有今天；祖母如果没有我的照料，也无法度过她的余生。祖孙二人，相依为命，因此我不能不侍养祖母而远离。臣现在的年龄四十四岁了，祖母现在的年龄九十六岁了，这样看来我在陛下面前尽忠尽节的日子还很长，而在祖母刘氏面前尽孝尽心的日子很短。我怀着乌鸦反哺的私情，乞求能够准许我完成对祖母养老送终的心愿。

我的辛酸苦楚，并不仅仅是蜀地百姓及益州、梁州的长官所能明白知晓的，天地神明，也都能明察。希望陛下能怜悯我的诚心，满足我微不足道的心愿，使祖母刘氏能够侥幸地保全她的余生。我活着应当杀身报效朝廷，死了也要结草衔环来报答陛下的恩情。我怀着像犬马一样不胜恐惧的心情，恭敬地呈上此表来使陛下知道这件事。

第20课　归去来辞（节选）

东晋·陶渊明

点拨

陶渊明（365—427年），字元亮，又名潜。浔阳柴桑人，最末一次出仕为彭泽县令，八十多天便弃职而去，从此归隐田园。本文是陶渊明创作的抒情小赋，也是一篇脱离仕途回归田园的宣言。

归去来兮！田园将芜，胡不归？既自以心为形役，奚惆怅而独悲？悟已往之不谏，知来者之可追，实迷途其未远，觉今是而昨非。舟摇摇以轻飏（yáng），风飘飘而吹衣。问征夫以前路，恨晨光之熹微。乃瞻衡宇，载欣载奔。僮仆欢迎，稚子候门。三径就荒，松菊犹存。携幼入室，有酒盈樽。引壶觞（shāng）以自酌，眄（miǎn）庭柯以怡颜。倚南窗以寄傲，审容膝之易安。园日涉以成趣，门虽设而常关。策扶老以流憩，时矫首而遐观。云无心以出岫（xiù），鸟倦飞而知还。景翳翳以将入，抚孤松而盘桓。

译文

回家去吧！田园快要荒芜了，为什么不回去呢？既然自己的心灵为形体所役使，为什么内心还要如此失意而独自伤悲？我悔悟过去的错误不可挽救，但坚信未来的岁月中可以补追，实际上我入迷途还不算远，已觉悟到现在正确而过去错误。船在水上轻轻飘荡，微风吹拂着衣裳。向行人打听前面的路，只恨晨光微弱天不亮。终于看到自己简陋的家门，我高兴地向前飞奔。家僮欢快地迎接，幼儿们守候在门庭。院里的小路长满了荒草，松和菊还是原样。带着幼儿们进了屋，美酒已经满觞。我端起酒壶酒杯自斟自饮，观赏着庭园的树枝使我开颜。倚着南窗寄托我的傲世之情，确实感到这狭小之地容易使我心安。每天在庭园内散步自然养成乐趣，虽然安了家门却经常地关闭着。拄着拐杖走走歇歇，时时抬头望着远方的天空。白云自然而然地从山穴里飘浮而出，倦飞的小鸟也知道飞回巢中。日光暗淡，即将落山，我手抚着孤松，流连不忍离去。

第21课　五代史伶官传序

北宋·欧阳修

点拨

欧阳修（1007—1072年），字永叔，号醉翁、六一居士，吉州永丰人，官至翰林学士，谥号文忠，世称欧阳文忠公，唐宋八大家之一。本文通过后唐庄宗李存勖复仇前励精图治，继位后宠幸伶官最终受其祸害杀身亡国的事例，揭示出“忧劳可以兴国，逸豫可以亡身”的历史教训。

呜呼！盛衰之理，虽曰天命，岂非人事哉！原庄宗之所以得天下，与其所以失之者，可以知之矣。

世言晋王之将终也，以三矢赐庄宗，而告之曰：“梁，吾仇也；燕王，吾所立；契丹与吾约为兄弟，而皆背晋以归梁。此三者，吾遗恨也。与尔三矢，尔其无忘乃父之志！”庄宗受而藏之于庙。其后用兵，则遣从事以一少牢告庙，请其矢，盛以锦囊，负而前驱，及凯旋而纳之。

方其系燕父子以组，函梁君臣之首，入于太庙，还矢先王，而告以成功，其意气之盛，可谓壮哉！及仇雠（chóu）

已灭，天下已定，一夫夜呼，乱者四应，仓皇东出，未及见贼而士卒离散，君臣相顾，不知所归，至于誓天断发，泣下沾襟，何其衰也！岂得之难而失之易欤？抑本其成败之迹，而皆自于人欤？《书》曰："满招损，谦受益。"忧劳可以兴国，逸豫可以亡身，自然之理也。

故方其盛也，举天下豪杰莫能与之争；及其衰也，数十伶人困之而身死国灭，为天下笑。夫祸患常积于忽微，而智勇多困于所溺，岂独伶人也哉？

译文

唉！国家兴盛与衰亡的原因，虽然说是天命，难道不是由于人事吗！推究庄宗得天下和他失天下的原因，就可以知道了。

世人说晋王将死的时候，拿三支箭赐给庄宗，告诉他说："梁国，是我的仇敌；燕王，是我扶持建立起来的；契丹与我订立盟约，结为兄弟，他们却都背叛晋而归顺梁。这三件事，是我的遗憾。给你三支箭，你一定不要忘记为父报仇的志向。"庄宗接了箭，把它收藏在祖庙里。此后出兵，就派遣随从官员拿猪羊到父亲的祠庙祭祀祷告，"请"下那三支箭，用锦囊盛着，背着它走在前面，等到凯旋时再把箭藏入祖庙。

当庄宗用绳子捆绑着燕王父子，用木匣装着梁国君臣的首级，进入太庙，把箭还给先王，向先王禀告成功的时候，他意气骄盛，多么雄壮啊！等到仇敌已经消灭，天下已经平定，一个人在夜间呼喊，造反作乱的人便四方响应，他仓皇向东出逃，还没有看到叛军，士卒就离散了，君臣相对而视，不知回到哪里去。以至于对天发誓，割下头发，大家的泪水沾湿了衣襟，又是多么衰颓啊！难道是得天下艰难而失天下容易吗？或者说推究他成功与失败的事迹，都是由于人事呢？《尚书》上说："自满招来损害，谦虚得到好处。"忧虑辛劳可以使国家兴盛，安闲享乐可以使自身灭亡，这是自然的道理。

因此，当庄宗强盛的时候，普天下的豪杰，都不能跟他抗争；等到他衰败的时候，几十个伶人围困他，就自己丧命，国家灭亡，被天下人讥笑。人生中的祸患常常是从细微的事情中积淀下来的，人生的智慧和勇气常常被自己所溺爱的事物所困顿，难道只有宠爱伶人才会这样吗？

第22课　为兄轼下狱上书（节选）

北宋·苏辙

点拨

苏辙（1039—1112年），字子由，晚号颍滨遗老。眉州眉山人。北宋文学家，“唐宋八大家”之一。与父亲苏洵、兄长苏轼齐名，合称“三苏”。本文是北宋文学家苏辙为其兄苏轼因“乌台诗案”被逮捕入狱而写给宋神宗的一封信。全文说理委婉透彻，扼要简明，充满诚挚恳切的感情。

臣早失怙恃（hù shì），惟兄轼一人相须为命。今者窃闻其得罪，逮捕赴狱，举家惊号（háo），忧在不测。臣窃思念，轼居家在官，无大过恶。惟是赋性愚直，好谈古今得失，前后上章论事，其言不一。陛下圣德广大，不加谴责。轼狂狷（juàn）寡虑，窃恃天地包含之恩，不自抑畏。顷年通判杭州及知密州，日每遇物，托兴作为歌诗，语或轻发。向者曾经臣寮（liáo）缴进，陛下置而不问。轼感荷（hè）恩贷，自此深自悔咎，不敢复有所为。但其旧诗，已自传播。臣诚哀轼愚于自信，不知文字轻易，迹涉不逊，虽改过自新，而已陷于刑辟（bì），不可救止。

轼之将就逮（dài）也，使谓臣曰：“轼早衰多病，必死于牢狱。死固分（fèn）也，然所恨者，少抱有为之志，而遇不世出之主，虽龃龉（jǔ yǔ）于当年，终欲效尺寸于晚节。今遇此祸，虽欲改过自新，洗心以事明主，其道无由。况立朝最孤，左右亲近，必无为言者。惟兄弟之亲，试求哀于陛下而已。”

译文

臣很小的时候就没了父亲，一直无依无靠，只有哥哥苏轼和我相依为命。现在我听说他犯罪，被打入监狱，我们全家都非常惊恐害怕，担心的是他会有什么不测。臣在下面揣度，苏轼的个人生活或在朝廷为官，从总体上说没有大错。只是为人过于率直，喜欢谈古论今，还有好几次他所上的奏折中观点与陛下不一致。陛下有很深广的圣德，没有责难他什么。但苏轼性格过于狂妄，做事缺乏考虑，还以为现在有天地宽容的恩德，就不知道敬畏收敛。近来他在担任杭州通判和密州知府期间，每日看到事物时就有感而发，于是写成诗，言语之间有的就轻率而出，在这之前曾经有一些同僚就把他的诗文呈给陛下过，但是陛下放在一旁没追问。苏轼觉得辜负了圣上的恩泽，常常自己悔过，不敢再有所轻慢了。但是他以前写的诗却传开了。臣真心哀叹苏轼过于自信的愚昧，不知道写出来文字容易，但是其中的不恭敬言辞带来的影响不容易消除，虽然他现在已改过，但却违反了刑律，这是没法挽回的。

苏轼在被捕之前，就让人来捎话说：“我身体过早衰老而且多病，肯定会死在牢狱里。死也是我应该的，可是我还有遗憾在世间，年少时我就想有一番作为，恰好逢到世上难遇的贤明君主，虽当年曾跟一些大臣意见不合，但始终都想在晚年向朝廷皇上报效微薄之力。现在却出了这样的祸患，即使想改过自新，洗心革面重新报答贤明的君主，却又无从找到报效的途径了。况且我在朝中最为孤立，即便是以前显得和我较好的人，肯定也不会出来为我求情。只能指望你我的兄弟亲情，让你试着向陛下为我请求了。”

第23课　与丘长孺书

明·袁宏道

点拨

袁宏道（1568—1610年），字中郎，号石公，湖广公安人。他是明代文学反对复古运动主将，反对“文必秦汉，诗必盛唐”的风气，提出“独抒性灵，不拘格套”的性灵说。这封信是作者年轻时任吴县令时所写，表达了对朋友的关心和对官场的厌恶。

集部探珠

闻长孺病甚，念念。若长孺死，东南风雅尽矣！能无念耶？

弟作令备极丑态，不可名状。大约遇上官则奴，候过客则妓，治钱谷则仓老人，谕百姓则保山婆；一日之间，百煖（xuān）百寒，乍阴乍阳，人间恶趣，令一身尝尽矣！苦哉！毒哉！

家弟秋间欲过吴，虽过吴，亦只好冷坐衙斋，看诗读书，不得如往时携侯子登虎丘山故事也。

近日游兴发不？茂苑主人虽无钱可赠客子，然尚有酒可醉，茶可饮，太湖一夕水可游，洞庭一块石可登，不大落寞也。如何？

译文

听说长孺病得厉害，我十分挂念。如果您不幸去世，江南的风流儒雅人物也就没有了！我怎能不牵挂呢？

我当县令丑态百出，无法形容。遇到上级官员则奴颜婢膝，恭迎过往官员就像青楼歌妓，管理钱粮就像管理仓库的老吏，告诫百姓就像巧言令色的媒婆；一天之内冷暖多变，阴阳不定，人间各种不良的体验，我一人都经受了！太难受了！太害人了！

我弟弟袁中道秋天想路过吴县，他即使经过吴县，也只能冷清地坐在衙门的书斋，不能够像以前带着姓侯的朋友登虎丘山游玩了。

近来有没有出来游玩的兴致？我作为苏州的主人，虽然没有钱财可以赠给客人，尚且有酒可以畅饮，有茶可以品尝，有太湖这一点水可以游玩，有洞庭山一块石头可以登攀，也不至于太落寞无聊啊。怎么样，你能来吗？

第24课　廉耻（节选）

明・顾炎武

点拨

顾炎武（1613—1682年），字忠清，苏州府昆山人。因仰慕文天祥学生王炎午的为人，改名炎武。本文选自顾炎武文集《日知录》，强调“行己有耻”，有着时代的特定意义。

故夫子之论士曰：“行己有耻。”孟子曰：“人不可以无耻。无耻之耻，无耻矣。”又曰：“耻之于人大矣，为机变之巧者，无所用耻焉。”所以然者，人之不廉而至于悖礼犯义，其原皆生于无耻也。故士大夫之无耻，是谓国耻。

吾观三代以下，世道衰微，弃礼义，捐廉耻，非一朝一夕之故。然而松柏后凋于岁寒，鸡鸣不已于风雨，彼昏之日，固未尝无独醒之人也。顷读《颜氏家训》，有云：“齐朝一士夫，尝谓吾曰：‘我有一儿，年已十七，颇晓书疏。教其鲜卑语及弹琵琶，稍欲通解，以此伏事公卿，无不宠爱。’吾时俯而不答。异哉，此人之教子也！若由此业自致卿相，亦不愿汝曹为之。”嗟乎！之推不得已而仕于乱世，犹为此言，尚有《小宛》诗人之意彼阉（yān）然媚于也者，能无愧哉！

译文

所以孔子论及怎么才可以称为士，说道：“要用羞耻之心约束自己的行为。”孟子说：“人不可以没有羞耻。对可耻的事不感到羞耻，便是无耻了。”又说：“羞耻对于人来说关系是重大的，那些搞阴谋诡计要花样的人，是没有地方用得着羞耻的。”其所以如此，因为一个人的不廉洁乃至于违犯礼义，推究其原因都产生于没有羞耻之心。因此士大夫的无耻，就叫作国耻。

我看夏、商、周三个朝代以后，社会和道德日益衰微，礼义被抛弃，廉耻被扔在一边，不是一朝一夕的事了。但是凛冽的冬寒中有不凋的松柏，风雨如晦中有警世的鸡鸣，那些昏暗的日子中，实在未尝没有独具卓识的清醒者啊！最近读到《颜氏家训》上有一段话说：“齐朝一个士大夫曾对我说：‘我有一个儿子，年已十七岁，颇能写点文件书牍什么的，教他讲鲜卑话，也学弹琵琶，使之稍为通晓一点，用这些技能侍候公卿大人，到处受到宠爱。’我当时低首不答。怪哉，此人竟是这样教育儿子的！倘若通过这些本领能使自己做到卿相的地位，我也不愿你们这样干。”哎！颜之推不得已而出仕于乱世，尚且能说这样的话，还有《诗经·小雅·小宛》作者在乱世之中教子为善廉洁自守的话，那些卑劣地献媚于世俗的人，能不感到惭愧吗！

第25课　黄生借书说（节选）

清·袁枚

点拨

袁枚（1716—1798年），字子才，号简斋，浙江钱塘人，清朝乾隆年间进士，文学家。主要传世的著作有《小仓山房文集》《随园诗话》。选文劝勉人们不要因为条件不利而却步不前，也不要因为条件优越而贪图安逸。

余幼好（hào）书，家贫难致。有张氏藏书甚富。往借，不与，归而形诸梦，其切如是。故有所览，辄省（zhē xǐng）记。通籍后，俸去书来，落落大满，素蟫（yín）灰丝，时蒙卷轴。然后叹借者之用心专，而少时之岁月为可惜也。

今黄生贫类予，其借书亦类予；惟予之公书，与张氏之吝书若不相类。然则予固不幸而遇张乎，生固幸而遇予乎？知幸与不幸，则其读书也必专，而其归书也必速。

译文

我小时候爱好读书，但是家里贫穷很难得到书读。有个姓张的人藏书很多。我到他家去借，他不借给我，回来以后在梦中还出现向他借书的情形，我那种迫切求书的心情就像这样。所以只要有看过的书就记在心里。我做了官以后，薪俸花出去了，书籍买来了，屋里到处都堆放满了，蠹虫丝迹时常覆盖书册。这样以后我才感慨借书读的人是那么用心专一，而自己少年时代的时光是多么值得珍惜的啊。

如今姓黄的年轻人像我从前一样贫穷，他借书苦读也像我从前一样；只不过我把书公开，慷慨出借，和姓张的吝惜书籍并不相同。这样看来，那么是我本来不幸遇到了姓张的，而姓黄的年轻人本来幸运遇到我吧？黄生懂得了借到书的幸运和借不到书的不幸运，那么他读书一定会专心，而且他还书也一定会很快。

第26课　论毅力（节选）

清·梁启超

点拨

梁启超（1873—1929年），字卓如，一字任甫，号任公，清朝光绪年间举人，戊戌变法领袖之一。戊戌变法失败以后，梁启超逃亡日本，写下《论毅力》，勉励处于逆境中的有志于天下事者。

天下古今成败之林，若是其莽然不一途也。要（yāo）其何以成，何以败？曰："有毅力者成，反是者败。"

盖人生历程，大抵逆境居十六七，顺境亦居十三四，而顺逆两境又常相间以迭乘。无论事之大小，必有数次乃至十数次之阻力，其阻力曾或大或小，而要之必无可逃避者也。其在智力薄弱之士，始固云吾欲云云，吾欲云云，其意以为天下事固易易也，及骤尝焉而阻力猝来，颓然丧矣；其次强者，乘一时之意气，透过此第一关，遇再挫而退；更稍强者，遇五六挫而退。其事愈大者，其遇挫愈多，其不退也愈难，非至强之人，未有能善于其终者也。

译文

天下古今成败的种种事情，是如此繁多不一致啊。概括地研究它们为什么成功，为什么失败？回答是："是有毅力的人成功，与此相反的人失败。"

人生的历程，大抵逆境占十分之六七，顺境也就占十分之三四，顺逆两境又常常互相间隔交替出现。无论事情大小，必定有几次乃至十几次遇到阻力，它们的阻力虽然或大或小，但总之是必定无可逃避的。那些志气毅力薄弱的人，开始时一定说我要怎样，我要怎样，他们的意思是以为天下的事情本来十分容易，等到很快地尝试一下，阻力突然来了，就灰心丧气地打退堂鼓了；那些志气毅力稍强的人，乘着一时的意气，通过了这第一关，遇到两次挫折就退后了；那些志气毅力更强的人，遇到五六次挫折也退后了。事情越大，遇到的挫折就越多，不退却也就越难，不是特别坚强的人，没有能坚持到最后的。

《中华经典诗文诵读》（八）A星量化评价表

（诵诗文·得A星·做状元·我可以）

板块名称	量化内容		同伴评价	家长评价	教师评价	评价说明
诗词撷英260A	第1单元　《诗经》选读1—2课10首	50A				皆能背诵得260A；皆能熟读三遍得80A。
	第2单元　唐诗宋词3—12课50首	150A				
	第3单元　元明诗词曲13—16课20首	60A				
儒学悟道180A	第1单元　《论语》选读1—6课	60A				正文皆能背诵得180A；皆能熟读三遍得48A。
	第2单元　《孟子》选读7—14课	80A				
	第3单元　《礼记》选读15—16课	40A				
史海扬帆160A	第1单元　《史记》选读1—14课	140A				正文皆能背诵得160A；皆能熟读三遍得48A。
	第2单元　《明史》选读15—16课	20A				
诸子览胜140A	第1单元　《晏子春秋》选读1—6课	60A				正文皆能背诵得140A；皆能熟读三遍得42A。
	第2单元　《墨子》选读7—10课	40A				
	第3单元　《孙子兵法》选读11—14课	40A				
集部探珠260A	第1单元　寄情自然山水1　8课8篇	80A				正文皆能背诵得260A；皆能熟读三遍得78A。
	第2单元　话说世间百态9—18课10篇	100A				
	第3单元　思辨社会大观19—26课8篇	80A				
评价标准1000A	1. 诵读原文评价方式，以检查者对诵读者检查合格后，手写签名为准。					
	2. 每学期获得诗文诵读240A的，可获得“班级诗文状元”称号，由班级颁发证书。					
	3. 每学期获得诗文诵读320A的，可获得“年级诗文状元”称号，由年级颁发证书。					
	4. 每学期获得诗文诵读400A的，可获得“校级诗文小状元”称号，由学校颁发证书。					
	5. 学生可以根据个人兴趣，从任何一课入手诵读，积累越来越多的A值。					